Le Scottish terrier

Henri Bastien

P.B. EDITIONS

ISBN 2 910632-23 -7

Dépôt légal 1er trimestre 1996

Imprimé en France par L.G.P. 95000 Cergy Pontoise - Tél. 34.20.13.80

Dans la même collection

Le shih-tzu par Sandrine Legrand
Le labrador par Gérard Sasias
Le colley par Joseph Ortega
Le siberian husky par Sandrine Legrand
Le cocker–spaniel par Sandrine Legrand
Le malinois par Joseph Ortega
Le cairn terrier par Gérard Sasias
Le berger des Pyrénées par Jacques Coly
Le berger allemand par Joseph Ortega
Le whippet par Lise Mayjonade et Catherine Kretz
Le bearded collie par Jacques Coly et Lucien Chaponet
Le golden retriever par Véronique Jaquemet
Le Terre-Neuve par Frank Haymann
Le rottweiler par Frank Haymann
Le West Highland white terrier par Ruth O'Connor
Le caniche par Philippe Coquelin
Le Yorkshire terrier par Alain Bobek
Le doberman par Angélique Heynard

À paraître
Le boxer par Jean - Claude Mariet
Le bobtail par Pascal et Pascale Grappin

Nos chiens
Comme autant de soleils
Notre vie partagée
Notre vie protégée
des solitudes vraies et de la vraie froidure.
Vous donnez à nos heures tant de rires aboyés.
Nos chiens
pour ce rayonnement
pour votre joie de vivre
inégalée
comme une voile sous le vent.
Nos chiens
vigilants
heureux, gourmands, ardents
Guetter...courir...
les ruisseaux et les champs.
Nous - dans votre royaume -
Nos chiens
pour nous chercher,
nous sauver,
nous garder, nous défendre.
Nous voici par vos yeux
Nous voici par vos pas
reliés à l'univers.
Nos chiens
Nous tous qui allons
inconscients ou non
vers la douleur superbe
quand nos bras se referment
sur le vide animal !
Comment se protéger
de ce destin voleur
de vos vies fugitives ?
Cet hiver de chagrin,
nous pourrions en mourir,
dure plus que de raison.
Nos chiens
La nuit où vous devez,
comme le Petit-Prince,
regagner votre étoile,
vous partez nous laissant
implorants, «seul-au-monde»
et tout démantelés.
Nos chiens
Oh ! nos chiens.
La voile est amenée
et voici que vous n'êtes
plus qu'une grande image...
Nos chiens
par vous aux heures de grâce
- vos joutes inventées -
- l'enfance retrouvée.
Nos chiens
Le temps qui se termine
Le temps qui recommence
avec - chacun - de - VOUS -

Muriel Jack
Nos chiens comme autant de soleils (1980)

40 années de scottish terriers et l'amour est toujours là.
Amis lecteurs, je suis certaine que vous trouverez un immense plaisir et un grand intérêt à lire cet ouvrage et qu'il vous apportera, dans sa composition, tous les éléments nécessaires pour bien connaître ce «personnage» si particulier et si attachant.

J. Sainctelette

L'amour du scottish

Dès mon plus jeune âge, j'ai toujours été attiré par les chiens, mais il me fallut attendre d'être adulte et d'acquérir mon indépendance sociale pour assouvir pleinement ma passion.
J'ai possédé un certain nombre de chiens de races différentes qui m'ont tous apporté beaucoup de plaisirs et de joies (sauf lorsqu'ils m'ont quitté, car la vie d'un chien est courte).
Passionné, j'ai donc fait parti d'un club canin, où j'ai appris à mieux connaître les chiens, en découvrant toutes les races.
Les années ont passé, un chien en a remplacé un autre.
Entraîné par ma passion sans cesse grandissante, j'ai participé à un grand nombre de concours et d'expositions, principalement avec des bobtails, et c'est ainsi que lors d'une exposition qui avait lieu à Bordeaux, (j'y pense encore comme si c'était hier), je suis resté fasciné devant un ring où évoluaient des scottish terriers. Jusque là, je ne connaissais cette race qu'à travers la lecture de revues et magazines spécialisés ou encore par certaines publicités. Ce fut donc pour moi une révélation extraordinaire, un coup de coeur. Je n'avais jamais vu ce chien en vrai, dont l'allure si digne reflétait une très forte personnalité. C'est à cet instant, face à ce look si particulier, que j'ai véritablement craqué.
La vision de ces chiens a hanté mon esprit pendant toute la durée de mon voyage de retour vers le Var et, dès mon arrivée, je me suis renseigné sur les meilleurs élevages de scottish.
J'ai opté pour les élevages du pays d'origine, influencé par ma belle-fille qui, étant de nationalité anglaise, connaissait relativement bien la race.
Après avoir consulté plusieurs éleveurs britanniques, qui n'avaient pas de chiots à vendre à cette époque, j'ai eu la grande chance d'entrer en relation avec Muriel et Chink Owen, affixe GAYWYN, qui, sans me connaître vraiment, m'ont fait spontanément confiance, et m'ont cédé une adorable petite femelle nommée FLAVIA.
Ce chiot de trois mois a conquis notre famille et nous a immédiatement apporté tant de plaisirs et de satisfactions que deux mois après, SHIP, un petit mâle, passait le Channel et venait la rejoindre. Ces deux petits êtres, au fur et à mesure qu'ils

Henri Bastien présentant Black Adventure Story, «Four Back», lors d'un championnat de France.

devenaient adultes, nous ont fait passer des moments inoubliables par leur comportement, leurs jeux, leurs mimiques.

Par la suite, adultes, ils nous ont fait vivre des joies encore plus intenses, car étant très beaux, ils ont remporté beaucoup de succès en expositions. Puis, comme le veut la nature, ils se sont «mariés» et de leur union naquit «FOUR BACK» qui, en digne fille de champions, a suivi le chemin tracé par ses illustres parents GAYWYN.

Malheureusement après ces joies, ces plaisirs, ces grandes satisfactions, et tous ces honneurs, FLAVIA nous a quittés, empoisonnée par une main criminelle, nous causant une douleur profonde.

Il nous restait heureusement un merveilleux cadeau de FLAVIA, sa fille sur laquelle nous avons porté tout notre amour et, grâce à elle, nous avons pu surmonter notre grande tristesse, poursuivre notre but, aller jusqu'au bout de notre passion.

Première partie

Tout ce qu'il faut savoir sur le scottish terrier

L' histoire *du scottish terrier*

LES ORIGINES DU SCOTTISH TERRIER

Si l'origine du scottish terrier n'est pas connue avec une grande certitude, on sait, par contre, qu'un chien de ce type, au poil dur et aux pattes courtes, existait depuis des siècles en divers endroits de l'Écosse. En ce temps là, les Écossais recherchaient surtout des chiens rustiques, actifs et intrépides pour chasser les renards et pour résister à la vie rude de la campagne, d'où la nécessité d'un chien robuste, au poil dur et à la fourrure épaisse, pour résister aux intempéries, se protéger d'ennemis potentiels, et fort bien charpenté, court sur pattes pour pénétrer dans les terriers...

De tous les témoignages attestant de la présence d'une race de terrier en Écosse, le plus ancien est celui de John Lesley qui, dans «L'Histoire de l'Écosse de 1436 à 1561», décrit «un chien de petite taille qui, se glissant dans leurs terriers, chassait les renards, les blaireaux et les chats sauvages».

C'est en 1815 que le nom de scottish terrier apparaît pour la première fois dans un livre intitulé «recreations in Natural History». En effet, dans cet ouvrage, il est fait allusion à un «scotch terrier» à poil dur, propriété du général de division Bonham, gouverneur au Suriman.

En 1822, Samuel Bewick, dans son histoire des quadrupèdes, décrit la race : le terrier écossais a un odorat particulièrement développé, il est très doué pour faire sortir de leurs terriers les renards et autres nuisibles. Ce terrier a un poil dur, des pattes courtes, il est très puissant, de couleur jaunâtre avec du noir et du blanc.

En 1833, le Field Book déclare qu'il y a deux sortes de terriers : l'anglais à poil ras et l'écossais à poil dur.

L'anglais, au poil lisse et soyeux, le plus souvent noir et feu, serait issu d'un croisement de l'écossais. Il serait, vraisemblablement, l'ancêtre du fox-terrier et du Manchester terrier.

L'écossais est bas sur pattes, rarement plus de 12 à 14 pouces au garrot, avec un corps musclé et des pattes fortes. Ses oreilles sont petites et à demi-dressées, sa tête plutôt grosse par rapport au corps et son museau assez pointu. Il est d'une couleur sable ou

tirant sur le noir. Le poil est dur et long sur tout le corps. Ce terrier semble être l'ancêtre du scottish, du cairn, du West Highland et du Yorkshire terrier.
En 1837, Thomas Bell, dans son livre «History of british quadrupeds», reprend la même description citée ci-dessus, mais en précisant que la couleur du terrier écossais varie énormément d'un sujet à l'autre.
En 1847, H.D Richardson publie un livre intitulé «Dogs, their origin and varieties», dans lequel il affirme qu'il existe deux variétés de scottish terriers. L'un est plus haut sur pattes, roux, très solidement construit et appelé communément le Highland terrier. L'autre variété décrite par Richardson est, de toute évidence, le dandie dinmont terrier.
Dans les années 1880, M Thomson Gray, dans «The Dogs of Scotland», évoque le voyage du capitaine Mackie, éleveur de scottish terriers. Il raconte ses visites chez plusieurs chasseurs de renards qui possédaient les mêmes lignées de

CH. Gaywyn Wicked Lady.

CH. Wildermist Clara.

terriers depuis près de 60 ans.
Dans le Lochlomondside, chez Mr Robinson, il vit des petits terriers au pelage broussailleux gris rouille, avec des têtes semblables à des renards, des oreilles demi-dressées, pesant entre 17 et 20 livres.
En second lieu, il se rendit chez Mr D. Malloch, qui avait des chiens bringés, gris ou sable avec des têtes fortes, de puissantes mâchoires et des museaux pointus.
Continuant son voyage, il arriva chez Mr Mac Donald de Black mount, il y remarqua un petit chien très trapu, bas sur pattes, au poil fil de fer avec un panachage de roux, noir et blanc.
Pour terminer il se rendit chez Mr Mac Gregor où il trouva de jolis petits terriers aux museaux et aux têtes courtes, bas sur pattes au corps allongé, avec des oreilles droites, un bon poil et ayant un air espiègle.
Lors de ce voyage, il acheta plusieurs chiens dont certains sont vraisemblablement à l'origine du scottish moderne.
À travers ce témoignage, on est sûr qu'un petit terrier bas sur pattes existait depuis très longtemps en Écosse. Élevé

uniquement pour chasser les nuisibles, robustesse, courage et vivacité étaient les qualités recherchées, l'esthétique du chien ayant moins d'importance.
D'autre part l'Écosse étant un pays sauvage et peu accessible, les difficultés de déplacement d'un lieu à l'autre rendaient les croisements entre les différentes espèces quasiment impossibles.
De ce fait, selon les préférences des éleveurs, des types différents ont évolué. Les Malcoms of Poltalloch ont sélectionné des chiens plus petits, à la tête courte, à la robe claire, et plus tard, en favorisant la couleur blanche, sont arrivés au West Highland white terrier.
Les Macdonalds de Skye ont préféré des chiens au corps allongé, à la fourrure longue, et ceux-ci sont bien sûr les ancêtres du Skye actuel.
À l'origine, les terriers écossais avaient des racines communes, corps et tête de longueur moyenne, bas sur pattes, de petites oreilles demi-dressées, avec un pelage dur et broussailleux.
Mais il semble qu'il y ait eu deux types à l'intérieur de la race, à savoir un chien solidement charpenté, et un autre chien plus léger, plus typé. De même, il semble qu'il y ait une relation entre la conformité du chien et son caractère. Un chien robuste est généralement plus calme, alors qu'un chien à l'ossature légère paraît plus excitable, plus nerveux. Le temps et un élevage sélectif ont accentué la différence et sont parvenus au résultat que l'on connaît aujourd'hui. Les races issues du terrier écossais à poil dur sont donc : le skye, le cairn, le dandie dinmont, le West Highland white terrier et, bien entendu, le scottish terrier.

COMPARAISON AVEC LES AUTRES TERRIERS D'ÉCOSSE

Le cairn terrier

Le cairn terrier est très certainement le plus ancien des terriers d'Écosse dans sa forme actuelle. Son gabarit est un peu plus modeste que celui du West Highland white terrier, sa taille idéale se situant entre 28 et 31 cm pour un poids de 6 à 7,5 kg. Sa couleur est très variée : depuis le bringé, sous différentes nuances, en passant par le fauve, jusqu'à presque noir (type waternish). Il est très rustique, très actif, intrépide et enjoué, mais pas agressif. Avec ses petites oreilles, ses sourcils broussailleux, ses petits yeux pétillants de malice, sa moustache et sa barbiche en bataille, c'est le portrait d'un chien drôle qui a une pêche d'enfer. Il était utilisé en meute pour repérer le gibier à l'odorat et le déloger d'endroits où les hommes ne pouvaient le suivre : dans les terriers, les éboulis de roches, et même dans l'eau (lors de poursuites de loutres, par exemple). C'est aussi un chasseur acharné de blaireaux, de renards, de putois, de belettes, de lapins et même de rats.
Au 19ème siècle, il prit place dans la famille comme chien de compagnie, tout en gardant ses qualités de chasseur. Il fut importé en France en 1928. C'est un chien qui ne nécessite que très peu d'entretien par rapport au westie, au scottish et au skye, et qui

s'est fort bien adapté à la vie citadine. Le cairn a une volonté et une patiente à toute épreuve, ainsi qu'un caractère bien trempé et rusé comme un renard. Il est assez indépendant, comme le sont tous les terriers d'Écosse.

Le West Highland white terrier

Le West Highland white terrier a beaucoup de ressemblance avec le cairn terrier dont il est probablement issu, sauf pour la couleur qui, chez le westie, est d'un blanc pur. C'est un Écossais sans complexe, très dynamique, comédien et drôle, exubérant, bourré de charme et de personnalité. C'est le terrier d'Écosse le plus demandé actuellement. Comme le scottish, il nécessite un toilettage relativement sophistiqué afin de lui conserver cet aspect qu'on lui connaît. Il est très photogénique, c'est pourquoi il n'y a rien d'étonnant à ce que les publicistes s'intéressent autant à lui. Il est également le chouchou des expositions canines en France. Il sait tout faire, c'est un véritable chasseur de renards et de lapins et, comme son cousin le cairn, il nage à la perfection. Malgré ses qualités de chasseur, c'est

CH. Mayson Monopoly.

À PROPOS DE SON NOM

Le type de terrier qui a donné naissance au scottish actuel est originaire du Nord de l'Écosse, et plus particulièrement des régions d'Aberdeen, nom par lequel on l'identifiait 50 ans auparavant. Cependant, étant donné que des spécimens furent localisés dans d'autres régions d'Écosse, ce chien, d'un commun accord, perdit progressivement son appellation d'origine et hérita d'un nom plus général. En Écosse, il était et est toujours désigné comme un chien de terrier car il est plus petit que la plupart de ses congénères.
Le terrier écossais à poils durs fut successivement connu sous le nom de skye terrier, scotch terrier, otter terrier, sorty terrier, die hard terrier et Aberdeen terrier, nom qu'il garda assez longtemps, puis finalement scotch et scottish terrier. C'est sous ce dernier nom qu'il est universellement connu.
De nos jours, évidemment, le scottish terrier a beaucoup évolué. Les éleveurs ont crée un chien très différent de par son toilettage, plus original et spectaculaire, et qui n'a plus grand chose de commun avec son ancêtre.
Toutefois, il a conservé son instinct de chasseur caractérisé par le courage et la témérité.

un chien qui sait bien se tenir en toutes circonstances. Il est sportif, robuste, rustique, plein de vitalité, sans complexe et coquet à ses heures. Il est construit solidement, avec une taille idéale de 28 cm et un poids de 6,5 à 8,5kg.
Le scottish partage certaines qualités avec le cairn et le westie mais ces deux derniers sont plus vifs et, au niveau physique, leur museau est plus court et leurs dents plus petites. Le cairn est le plus léger des terriers d'Écosse, mais son corps est plus long que celui du westie, tandis que le scottish est le plus trapu et le plus bas sur pattes.

Le Dandie Dinmont terrier
Le Dandie Dinmont terrier est sans aucun doute le plus rare des terriers d'Écosse : il est très peu répandu en France. C'est un drôle de petit chien à la coiffure exubérante. Il est indépendant, très intelligent, résolu et tenace, digne, sensible et affectueux. Son nom vient de Dandie Dinmont qui est le personnage du roman «Guy Mannering» de Walter Scott, lequel possédait un chien de cette race. C'est un petit animal espiègle et joyeux qui se sent à l'aise partout. Extraordinaire de gentillesse et de tendresse, il est devenu un remarquable chien de compagnie, bien qu'à l'origine, il était utilisé pour chasser sur les pentes escarpées et rocheuses des monts Cheviots, au nord de l'Angleterre. Il traquait les rats, les souris, les martres, les belettes et les putois. Il a le caractère affirmé des terriers. Son corps est allongé comme

celui d'un teckel, sa taille se situe entre 20 et 25 cm, pour un poids de 8 à 10 kg. Sa couleur est très variée, allant du noir au brun foncé en passant par le bleu et feu.

Le skye terrier

Le Skye terrier, quant à lui, est un Écossais au style inimitable : long, il est bas sur pattes et entièrement couvert de longs poils. C'est un chien très ancien, connu depuis plus de 400 ans. Il est celui qui se rapproche le plus du scottish terrier par son ossature, sa longue tête, sa mâchoire puissante, ainsi que par son aboiement grave et son caractère. C'est un chien qui chassait les nuisibles, entre autres les blaireaux. Très attaché à son maître, il est réservé avec les étrangers.
Il a le sens de la famille et participe activement à la vie de ses maîtres.
Très vivant et très dynamique, il sait cependant rester calme et sage quant il le faut. Sa taille idéale au garrot est de 25 à 26 cm, sa longueur, de l'extrémité de son nez à celui de sa queue, est de 105 cm. Sa couleur peut être le noir, le gris clair ou foncé, ou encore le crème et, dans tous les cas, les extrémités seront noires.

SES DÉBUTS CYNOPHILES

Les «scottish terriers», ainsi nommés, étaient exposés lors des premiers concours en Angleterre, mais on y incluait aussi les skyes et tous les autres terriers de différentes couleurs, tailles et formes.
En 1860, lors de l'exposition de Birmingham (il y avait une classe pour «scottish terrier»), les gagnants furent tous des skyes (cette catégorie sera classifiée pour la première fois à Manchester, en 1861). C'est à Leeds qu'eut lieu la première exposition «scottish terrier», en 1861.
En 1862, toujours à Birmingham, les dandies furent également classifiés, et une catégorie désignait les autres scottish terriers, laquelle incluait les espèces de taille plus petite, les tout premiers scottish terriers (les ancêtres du Yorkshire) et les skyes.
En 1864, à l'exposition de Londres, il y

REPÈRES HISTORIQUES

XVI siècle : J. Caius dépeint des terriers à poil dur, bas sur pattes.
1860 : Première exposition de terriers nommés «skye terriers» à poil court.
1879 : Description du premier standard.
1881 : Classification des terriers à poil dur et des terriers à poil long (skye).
1882 : Première exposition spéciale «scottish terrier».
1883 : Fondation du scottish terrier club de Grande-Bretagne.
1940 : Popularité du scottish terrier en Amérique.
1950 : Premiers élevages français.

Le scottish terrier, la fierté de l'Écosse.

avait deux catégories distinctes de «scottish terriers» : les moins de 7 pounds et les plus de 7 pounds; idem la même année à Manchester, mais avec une catégorie supplémentaire pour les spécimens au poids excédant la normale et aux oreilles non coupées.
En 1875, à Chrystal Palace, exposition organisée par le Kennel Club, s'effectue la classification des scottish terriers à poil dur.
Ensuite, a lieu la première exposition où le scottish terrier, en tant que tel, participe.
En 1879, est rédigée la description du premier standard : «chien très musclé, courageux, robuste, tête longue, museau puissant, yeux bien enfoncés dans la tête, corps recouvert d'un poil dur et dense résistant aux intempéries».
En 1883, Mr Ludlow crée le scottish terrier club anglais, qui sera suivi, en 1888, par le scottish terrier club écossais. Ces deux associations adoptent le même standard.
Mr Ludlow fut le premier grand éleveur de scottish, son élevage produisit notamment BON ACCORD et RAM-

CH. Gaywyn Arianna.

Le scottish terrier

L'évolution de la race jusqu'au scottish moderne.

NAISSANCES ENREGISTRÉES PAR LA S. C. C. DE 1982 À 1994

1982	1983	1984	1985	1986	1987	1988	1989	1990	1991	1992	1993
227	**248**	**304**	**312**	**375**	**493**	**479**	**585**	**585**	**610**	**601**	**676**

Le scottish terrier est 25ème dans l'ordre des demandes et 50ème dans celui des naissances (rang dû principalement aux difficultés de reproduction de la race).

BLER, fils de BON ACCORD.
RAMBLER, très utilisé comme étalon, engendra entre autres deux mâles : DUNDEE, chien trapu et au corps long, de couleur bringée, appartenant au Capitaine Mackie et ALLISTER, chien plus léger, plus typé et noir (couleur pratiquement inconnue à l'époque), appartenant à Mr Mc Call. Ces deux chiens, piliers de la race, sont à la base de nos souches.
Au début du 20ème siècle, le type du scottish se stabilisa, mais les chiens étaient encore trop hauts et trop longs. Quelques éleveurs, Mr Hannay avec CH HEWORTH RASCAL VILAIN; Mr Willin avec CH BAPTON NORMAN; Mr Tweed avec CH LAINDON LOCKET; Mr Chapman avec CH HEATHER BOB HEATHER NECESSITY; Mr Cowley avec CH ALBOURNE BARDY et ALBOURNE LAURIE (top reproductrice), dominèrent la race et laissèrent leur empreinte dans le développement du scottish terrier.
HEATHER NECESSITY fut le premier scottish à gagner, en 1929, la Crufts.
En 1934, fut créé le «Scottish Breeder's and Exhibitors Association» (S T B E A) qui assurera pendant la période des deux guerres le suivi de la race.
Dans les années 1950, l'élevage connaît un renouveau avec des sujets tels que DESERT VISCOUNTESS, BARDENE

LISTE DES CHAMPIONS CRUFTS DE 1988 À 1995

ANNÉE	Mâle	Femelle
1988	LITTLE LAD OF SCARISTA	TAMZIN TOTAL ETIQUETTE
1989	MICANDA FINE N DANDY	TAMZIN TOTAL ETIQUETTE
1990	MERY BLACK SULTAN	HOT GOSSIP ATFERGAIT
1991	KENNELGARTH TOYBOY	WILDERMIST CLARA
1992	MAYSON CATCHPHRASE	WILDERMIST CLARA
1993	MAYSON COUNTDOWN	WILDERMIST CLARA
1994	TORCRAIG TUGG	WILDERMIST CLARA
1995	KENTWELLA ROB ROY	BRIO CORVETTE

BOY BLUE et BARDENE BINGO.
DESERT VISCOUNTESS fut la première championne d'après-guerre.
L'élevage KENNELGARTH de Betty Pen Bull, réputé pour la couleur noire de ses chiens, produisit des champions comme KENNELGARTH VIKING, père de nombreux champions (23 champions anglais) dont GAYWYN VISCOUNTESS.
Au fil des années, les chiens devinrent de meilleure qualité et la production était plus homogène.
Dans les années 1970, avec son affixe «GAYWYN», Muriel Owen possédait l'élevage le plus réputé et le plus primé. Les premiers chiens portant l'affixe GAYWYN furent GAYWYN GAEL, GAYWYN GHILLIE et GAYWYN GYPSY.
KENNELGARTH MALLICH fut le premier champion élevé au sein de l'élevage GAYWYN. Il était le résultat de trois générations de femelles GAYWYN et, incidemment, il fut aussi le premier champion de Betty Pen Bull. GAYWYN VISCOUNTESS remporta 3 fois la Crufts en 1962, 1965, 1966. GAYWYN LIKELY LAD, GAYWYN EMPEROR, GAYWYN TITANIA se partagèrent les titres mais GAYWYN LANDMARK fut incontestablement le plus célèbre chien de l'élevage : champion reproducteur 5 années consécutives avec un nombre indéterminé de champions à travers le monde. Qui n'a pas du GAYWYN LANDMARK dans le pedigree de ses champions ! GAYWYN TELEK eut son heure de gloire lors du tournage du film sur le Général Eisenhower où il fit de nombreuses apparitions.
L'affixe NOONSUN, avec GEORGIE GIRL; REANDA avec ROGER ROUGH; KENNELGARTH avec KENNELGARTH EDRICK; WILDERMIST avec COLETTE OF WILDERMIST; GLENECKER etc...remportèrent aussi un grand nombre de titres.
JANE MILLER, avec son affixe BRIO, produisit beaucoup de champions comme BRIO ONCE UPON A TIME et BRIO MISS CHIEF.
Puis, dans les années 1980, le style MAYSON connaît un grand succès avec MAYSON CANASTA et surtout MAYSON MONOPOLY, vainqueur de nombreux best in show, champion reproducteur en 1986, et recordman de 49 CCS. Il fut l'un des plus grand champion de SUSAN et JOHN

LES CLUBS

- Club français de l'Airedale et terriers divers «CFAT»
- Réunion des amateurs de fox terriers «RAF»
- Jagd terrier club de France
- Club des amateurs des terriers d'Écosse «ATE»
- Club du terrier du Yorkshire

SON GROUPE

Le scottish terrier fait partie des terriers d'Écosse avec :

Le Dandie Dinmont - Le Cairn - Le Skye
Le West Highland white terrier

Ces terriers font partie du troisième groupe avec :

L'Airedale terrier - Le bedlington terrier - Le border terrier
Le fox terrier à poil lisse - Le fox terrier à poil dur
Le glen of imaal - L'Irish terrier -Le jagd terrier -
Le Kerry blue terrier - Le Lakeland terrier - Le Manchester terrier
Le terrier du révérend Jack Russel - Le terrier noir russe
Le welsh terrier - L'australien terrier
Le cesky terrier - Le norfolk terrier
Le norwich terrier - Le sealyham terrier
Le Staffordshire américain - Le bull terrier - Le bull terrier du Staffordshire
Le silky terrier - Le toy terrier noir et feu
Le Yorkshire terrier

GASKELL.
Les MAYSON ont toujours les honneurs dans les expositions, puisque MAYSON CATCHPHRASE et son fils, MAYSON COUNTDOWN, furent vainqueurs de la Crufts en 1992 et 1993.
D'autres éleveurs, à leur tour, eurent les honneurs des rings :
GLENECKER avec GLENECKER GRACIE; TAMBRAE avec TAMBRAE TOUCHE OF TIMBER; SCARISTA avec KILLISPORT ROX AT SCARISTA et LITTLE LAD OF SCARISTA; MICANDA; TORCRAIG; WILDERMIST; JETSCOT etc... Dans les années 1990, apothéose de l'élevage WILDERMIST avec WILDERMIST CLARA, «top scottish» durant quatre années consécutives, elle fut quatre fois gagnante de la Crufts et, avec un record de 51 CCS, elle bat le tenant du titre, MAYSON MONOPOLY.

LE SCOTTISH TERRIER À TRAVERS LE MONDE

Le scottish terrier, de par son look, occupe une place de tout premier rang dans le coeur d'un public de «fantaisie», tandis que, plus sérieusement, ses fervents admirateurs vantent son intelligence, sa sensibilité, son dévouement, son tempérament joueur et aussi son instinct de «bon gardien».
En Amérique, le scottish terrier fut surtout célèbre dans les années 1940. En effet, le Président Roosevelt avait un mâle «MURRAY THE OUTLAND OF FALAHILL», surnommé «FALA».
De tous les chiens des présidents des USA, FALA était non seulement adoré

par son maître, mais aussi par tous les américains. Il accompagnait le Président dans tous ses déplacements. Fidèle, il le fut jusqu'à la mort puisque FALA est enterré à Hyde Park, à côté de son maître. Le souvenir de FALA est si tenace dans la mémoire des américains qu'ils ont instauré le «Fala Day». Chaque année en septembre, tous les membres du «Club of Greather Atlanta» se réunissent avec leurs scottish et la journée est clôturée par la traditionnelle photo souvenir.
Tout comme FALA, TELEK, offert au Général Eisenhower et à Kay, sa secrétaire, devint un grand voyageur. TELEK laissa ses empreintes à Alger, Londres, Berlin et Paris, il fut même présent (sous le bureau) lors de la capitulation germanique. Le fait de s'amuser avec TELEK procura, paraît-il, au Général de grands moments de profonde relaxation.
À l'inverse de FALA et de Roosevelt, TELEK et Ike étaient rarement photographiés ensemble. Lorsque Eisenhower dû rentrer en Amérique, TELEK resta à Berlin avec Kay, où il vécut heureux jusqu'à l'âge de 17 ans.
Toujours aux USA, Walt Disney nous offrit le sublime dessin animé, «Belle et le clochard», où JOCK OF MACINTOSH, sublime scottish, est l'ami fidèle de LADY.
En France, le scottish fut en vogue dans les années 1930. Selon le célèbre cynophile J. D'Hers, c'était le chien du beau monde, on le rencontrait partout dans les endroits chics, sur les grands boulevards, dans les grands magasins, servant de faire-valoir aux «élégantes».
Le scottish devint aussi célèbre par l'intermédiaire du fameux RAC du couple RIC et RAC (RIC étant le Fox à poil dur) que nous fit connaître l'humoriste Pol Rab à travers ses dessins stylisés.
Une grande marque de whisky contribua aussi à sa forte popularité en l'utilisant comme emblème aux côtés du westie.
De nos jours, son physique stylisé inspire beaucoup de créateurs d'objets, Agatha, Chipie en ont fait leur chouchou. Il est le fidèle compagnon de quelques célébrités, telles que Adeline Halliday, Françoise Sagan, Herbert Léonard, Alain Chamfort, William Scheller, et notre ancien Premier Ministre Monsieur Balladur. Tous, très certainement, sont tombés amoureux de son look.
En France, les deux premiers éleveurs de scottish terrier furent Madame Duffau-Salle, affixe CRIZY BAITA, et Madame Williams avec l'affixe RAMBY, suivis entre autres de Mrs Serander et Garnier et de Mmes Pericoi et Sainctelette etc...
Elles essayèrent de faire connaître cette race dans tout le pays et elles y réussirent puisque, actuellement, de nombreux autres éleveurs, aussi bien professionnels qu'amateurs, produisent des champions français et internationaux.
Si vous désirez obtenir de plus amples renseignements concernant ces élevages, comme il est difficile de les citer tous, adressez-vous au «Club des Amateurs des Terriers d'Écosse» dont le président est Monsieur Deschamps.

MÂCHOIRES : plates, carrées, dents grandes et fortes, en ciseaux.

YEUX : bruns foncés, en amande, assez écartés et enfoncés sous les sourcils.

CRÂNE : plat, de longueur moyenne.

STOP : léger.

OREILLES : petites, pointues, attachées au sommet du crâne.

COU : musclé et de bonne longueur.

QUEUE : longueur moyenne, portée haute et droite ou légèrement incurvée.

NEZ : noir, bien développé, pas conique.

ARRIÈRE-MAIN : musclée, reins solides, fesses fortes et larges.

MUSEAU : proportionnel à la longueur du crâne.

GRASSETS : bien angulés.

POITRINE : large, profonde, bien descendue entre les membres antérieurs.

PATTES AVANT : courtes, droites ou légèrement incurvées.

ÉPAULES : collées au corps, ni tournées en dedans, ni en dehors.

PIEDS : ronds, doigts courbes et serrés, pieds antérieurs plus grands que les pieds postérieurs.

POIL :
double, serré, sous-poil doux et dense, poil de dessus dur et rêche.

TAILLE :
hauteur au garrot de 25,4 cm à 28 cm.

POIDS :
8,6 kg à 10,5 kg environ.

COULEUR :
noir, froment, ou bringé de n'importe quelle couleur.

le standard du scottish terrier

STANDARD OFFICIEL
(Traduction de Raymond Triquet)

Aspect général
Chien trapu, d'une taille qui convient au travail sous terre, aux membres courts, à l'allure vive et qui donne l'impression d'une grande puissance et d'une grande activité sous un petit volume. La tête paraît longue pour un chien de cette taille. Très agile et actif malgré ses membres courts.

Caractéristiques
Fidèle et attaché au maître, plein de dignité, indépendant et peu démonstratif mais courageux et très intelligent.

Tempérament
Hardi mais jamais agressif.

Tête et crâne
Tête longue sans être disproportionnée par rapport à la taille du chien. La longueur du crâne lui permet d'être d'une largeur suffisante tout en lui conservant un aspect étroit. Le crâne est presque plat et les zygomatiques ne sont pas saillants. Le museau est construit solidement et haut sur toute sa longueur.
Le crâne et le chanfrein sont d'égale longueur, le stop est léger mais net entre le crâne et le chanfrein, juste au niveau des yeux.
La truffe est bien développée et, de profil, la ligne qui va de la truffe au menton apparaît inclinée vers l'arrière.

Yeux
Yeux en amande, de couleur brun foncé de préférence, assez écartés, profondément enfoncés dans les sourcils, expression vive et intelligente.

Mâchoires
Les dents sont grandes et présentent un articulé en ciseaux parfait, régulier et complet.
C'est-à-dire que les incisives supérieures recouvrent les incisives inférieures dans un contact étroit et sont implantées à l'aplomb des mâchoires.

Cou
Musclé et de longueur moyenne.

Avant-main

La tête est portée par un cou musclé, de longueur moyenne, qui a de la distinction et qui s'insère dans une épaule longue et oblique.

Le poitrail est bien descendu en avant des membres antérieurs, qui sont d'aplomb et présentent une bonne ossature jusqu'aux canons métacarpiens droits. La poitrine est d'une bonne largeur, bien descendue entre les membres antérieurs.

Les coudes ne doivent être ni en dehors ni disposés sous le corps.

Oreilles

Bien dessinées, de texture fine, pointues, droites et attachées au sommet du crâne mais pas trop près l'une de l'autre.

Les oreilles trop grandes ou dont la base est trop large sont de graves défauts.

BON PORT D'OREILLES

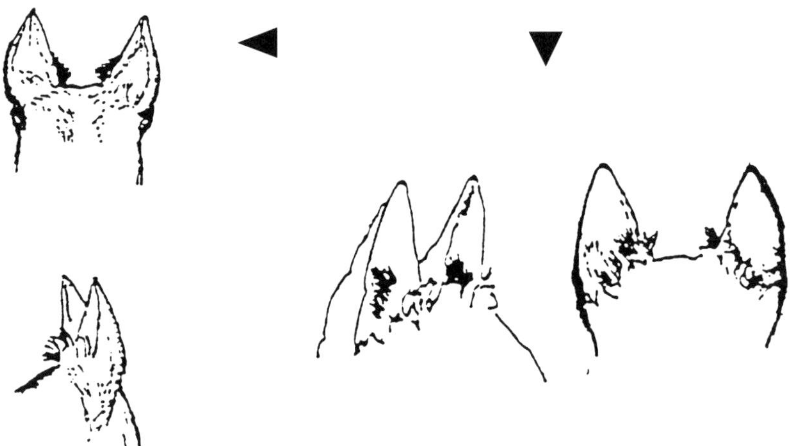

MAUVAIS PORT D'OREILLES

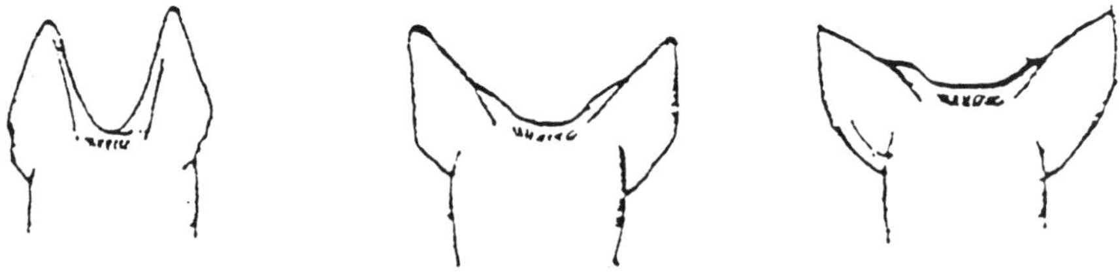

Trop rapprochées — Attachées trop large — Oreilles trop larges et trop espacées

Corps
Côtes bien arrondies qui deviennent ensuite plus plates pour former une poitrine bien descendue; elles s'étendent bien vers l'arrière.
Le dos est proportionnellement court et très musclé. La ligne supérieure du corps est droite et de niveau. Le rein est musclé et bien descendu.

Arrière-main
D'une puissance remarquable pour la taille du chien. Les fesses sont fortes et larges, les cuisses longues et les grassets bien angulés.
Les jarrets sont courts et forts. Ils ne sont tournés ni vers l'intérieur, ni vers l'extérieur.

Pieds
De bonne taille, pourvus de bons coussinets. Les doigts sont bien cambrés et serrés. Les pieds antérieurs sont légèrement plus grands que les postérieurs.

Queue
De longueur moyenne pour donner au chien un équilibre général, elle va en s'amenuisant vers l'extrémité. Elle est portée droite ou légèrement courbée.

Allures - mouvement
Allures égales et sans contrainte, droit devant à l'arrière comme à l'avant. L'arrière donne l'impulsion et le mouvement est uni de toute part.

CH. Kentwella Rob Roy.

Poil
Poil double, serré contre le corps. Le sous-poil est court, dense et doux. Le poil de couverture est rêche, dense et dur (fil de fer). L'ensemble forme une protection à l'épreuve des intempéries.

Couleur
Noir, froment ou bringé de n'importe quelle couleur.

Poids et taille
Hauteur au garrot de 25,4 cm (10/11 pouces) à 28 cm. Poids de 8,6 à 10,4 kg (9 à 23 livres anglaises).

Défauts
Tout écart par rapport à ce qui précède doit être considéré comme un défaut qui sera pénalisé en fonction de sa gravité.

N. B.
Les mâles doivent avoir deux testicules d'apparence normale complètement descendus dans le scrotum.

COMMENTAIRE SUR LE STANDARD

Aspect général
Devenu chien de compagnie huppé, à l'allure cocasse et au tempérament affirmé, il a cependant conservé son instinct de chasseur.
Il n'y a qu'un scottish pour contenir autant d'énergie dans un si faible encombrement.
Il est certainement le chien le plus typé de la gent canine. Par son allure ramassée très caractéristique et par son caractère, il étonne.
Ses pattes sont courtes, son corps est très près du sol, il est doté d'une ossature forte et d'une musculature puissante, il est robuste et trapu. Sa tête rectangulaire, relativement grande pour ce chien de petite taille, est pourvue de mâchoires et d'une dentition étonnantes. Ses yeux en amande, pétillants et malins, lui donnent une expression vive et intelligente. Ses oreilles bien plantées sont pointues et dressées. Sa queue pointée droite est portée haute. Ses sourcils et sa robe lui donnent un air de «clergyman» bien qu'il ait un look d'enfer.
Quand il se déplace, on dit souvent qu'il a une démarche de sénateur mais, quand il le veut, il est très véloce.

Tête et crâne
La tête est très caractéristique, longue et rectangulaire tout en restant dans des proportions relatives à la taille du chien. Actuellement, certains éleveurs privilégient les têtes fines et sèches. Il ne faut cependant pas tomber dans l'excès et que celles-ci s'apparentent à celles des fox-terriers. Une tête trop fine, un museau pointu ou une mâchoire trop étroite ont tendance à créer des problèmes au niveau des incisives inférieures, principalement des deux pinces qui, par manque de place, s'entrecroisent : il arrive même qu'une pince manque, ce qui est une cause de non confirmation.
La tête doit être longue, de largeur moyenne ou suffisante tout en conservant un aspect étroit. Éviter les zygomatiques trop développés.

De la silhouette du scottish se dégage une telle impression de dignité, que cette race ne saurait être comparée à nulle autre !

Le crâne est presque plat, le stop est léger mais net.
Crâne et chanfrein sont d'égale longueur. Le museau et le crâne sont le plus parallèles possible.
La truffe est bien développée et noire.

Les yeux
Vifs, malins et très expressifs, marron foncé de préférence.
La forme, la taille, la couleur et l'emplacement de l'œil sont autant d'éléments qui déterminent l'expression du chien.
Il doit être marron foncé de préférence, mais une légère variation dans la couleur est acceptable, particulièrement chez les bringés.
La couleur seule ne fait pas un œil parfait (bien qu'un œil jaune ou très clair soit pénalisable), d'autres facteurs, comme la forme, la taille et l'emplacement sont d'une grande importance et doivent être pris en considération. Les yeux doivent être bien placés sous les sourcils, et regarder bien en avant. Ils ne doivent pas être trop rapprochés : la distance entre les yeux est approximativement égale à celle qui existe entre les oreilles, à l'endroit où celles-ci s'insèrent dans le crâne. L'œil doit être en forme d'amande, jamais rond, ni globuleux ou exhorbité. Au repos, le chien paraît

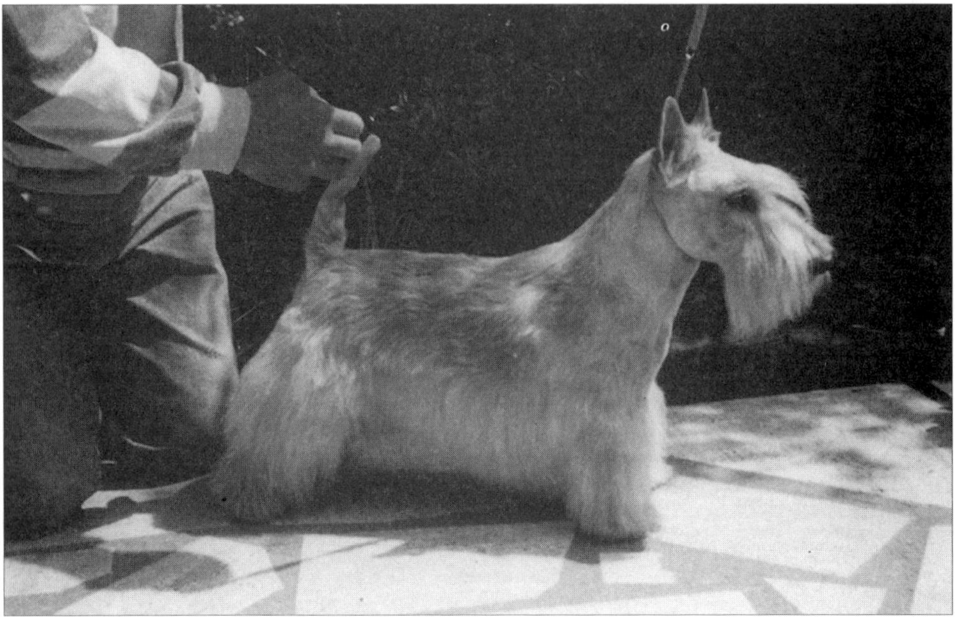

Une parfaite illustration du standard : Just a Gigolo du Moulin de Mac Grégor, dit «Joli Coeur», appartenant à Mme Sainctelette.

pensif, concentré, réfléchi et détendu, mais son oeil peut pétiller et s'animer subitement si quelque chose attire son attention. Discernement, gentillesse et persévérance caractérisent l'expression d'un vrai scottish, car il surveille parfois le monde avec un degré de réserve et il prend la vie tout à fait au sérieux.
L'œil est révélateur du caractère et du tempérament qui, chez le scottish, ne doit jamais être timide et timoré, mais fier et combatif.

Les oreilles
Elles sont de taille moyenne, bien dessinées, pointues et attachées au sommet du crâne, de texture fine. Leur forme, leur position et la façon de les porter contribuent à déterminer l'expression générale du scottish. Leur mobilité révèle l'humeur du chien, elles sont un véritable baromètre. Trop larges, implantées trop bas, trop longues, molles, cassées ou semi dressées, trop écartées ou trop près l'une de l'autre constituent des défauts.

Les mâchoires
Elles forment un véritable étau, fait pour saisir et ne pas lâcher prise. Les dents sont fortes, très grandes, et présentent un articulé en ciseaux parfait, ni prognathisme inférieur ou supérieur, ni bord à bord ne sont acceptés. Les mâchoires sont constituées de 42 dents. Les incisives - on en compte 3 par demi-mâchoire, appelées en partant du centre, pince,

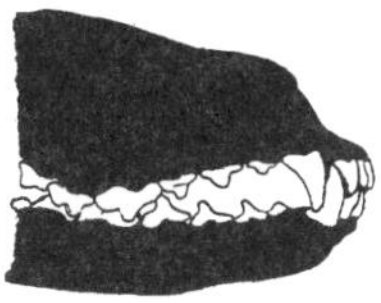

MÂCHOIRES CORRECTES «EN CISEAUX» :

Les incisives de la mâchoire supérieure recouvrent de très près les incisives de la mâchoire inférieure. Les canines supérieures se placent derrière les canines inférieures.

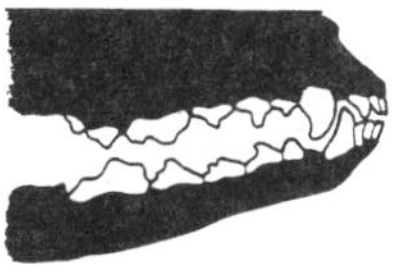

MÂCHOIRES «EN PINCE» :

Les incisives de la mâchoire supérieure sont bord à bord avec les incisives de la mâchoire inférieure.

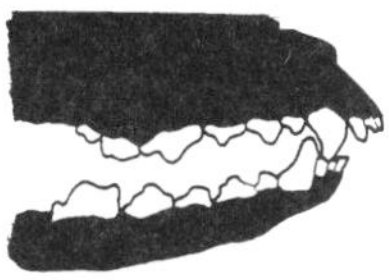

PROGNATHISME SUPÉRIEUR :

La mâchoire supérieure dépasse la mâchoire inférieure, occasionnant un espace. Les canines sont en position inverse.

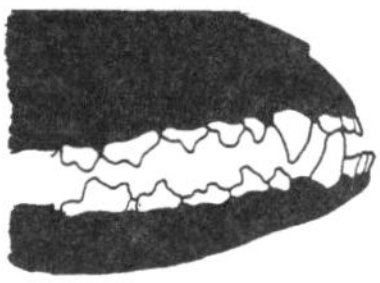

PROGNATHISME INFÉRIEUR :

La mâchoire inférieure dépasse la mâchoire supérieure, occasionnant un espace entre les canines supérieures et les inférieures.

Il arrive fréquemment, chez le chiot scottish en cours de croissance, que la mâchoire supérieure dépasse largement celle du bas (prognathisme supérieur).
En principe, tout rentre dans l'ordre lorsque toutes les dents définitives ont pris leur place et que la croissance est terminée.

mitoyenne et coin - ont chacune une forme légèrement différente. Les canines, au nombre de 4, de forme conique, sont très fortes avec des racines implantées solidement dans les maxillaires.
Les prémolaires et molaires comprennent les précarnassières, les carnassières et les tuberculeuses.
Mâchoire du haut : 3 précarnassières; 4 prémolaires; 1 carnassière; 2 molaires; 2 tuberculeuses.
Mâchoire inférieure : 4 prémolaires; 4 précarnassières; 1 carnassière; 3 molaires; 2 tuberculeuses.

Le cou
Très musclé. L'encolure de longueur moyenne est implantée sur une épaule longue et oblique. Un cou trop court fait paraître le chien «engoncé»; par contre un cou plus long donnera de l'élégance mais, dans certaines attitudes, fera paraître le chien plus long.

L'avant-main
La tête est portée par un cou musclé qui s'insère dans une épaule oblique. La poitrine bien développée doit être correctement descendue entre les membres antérieurs.

APLOMBS ANTÉRIEURS VUS DE FACE

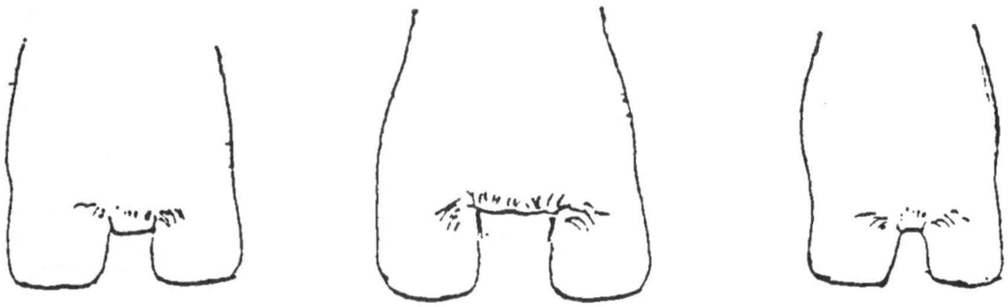

Normaux — Trop ouverts — Trop serrés

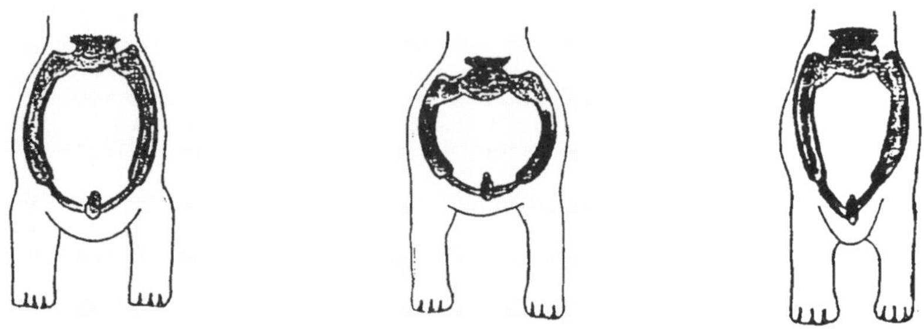

Avant-main correcte
Poitrine correctement descendue

Côtes trop arrondies
Poitrine pas assez descendue

Poitrine
trop étroite

Elle est considérée comme bien développée lorsque son niveau inférieur avant est au même niveau que l'os saillant du coude.

La poitrine est dite bien éclatée lorsque l'espace ménagé au niveau de celle-ci, entre les pattes avant, permet le passage du plat des quatre doigts de la main.

L'angulation avant est l'angle scapulo-huméral formé par la jonction des deux os, l'humérus et la scapula (omoplate). Cet angle, très important dans la morphologie du scottish, détermine l'emplacement de l'épaule et des pattes avant.

S'il est trop ouvert, l'épaule est dite droite, et le chien semblera manquer de poitrine.

Les aplombs doivent être parallèles entre eux, et perpendiculaires au sol. Les coudes, s'ils sont serrés, entravent le mouvement du thorax; écartés, ils entraînent une mauvaise démarche.

Le corps

Trapu et court. De profil, la ligne de dos doit être harmonieuse, elle est droite et horizontale. Elle est tributaire tout à la fois de la conformation de la colonne vertébrale, de la longueur du rein et de

la descente de la croupe.
Le rein est musclé.
Le scottish est le terrier le plus près du sol.

L 'arrière-main

D'une grande puissance pour la taille du chien.
Les grassets bien arrondis (le grasset est l'articulation entre la cuisse et la jambe).
De l'angle formé, plus ou moins fermé, dépend l'angulation arrière d'où découle l'harmonie de la silhouette du chien en statique, et l'amplitude de son mouvement en dynamique.
Les jarrets sont courts et forts (le jarret est la seconde articulation de la jambe), il est nécessaire qu'ils soient bien placés afin de conférer au chien une bonne démarche et éviter qu'il ne serre.
Le mouvement du scottish terrier doit être facile et rythmé, le chien glisse sur le sol avec de longues enjambées.
Malgré sa corpulence, un scottish terrier bien fait peut être capable de maintenir un trot à bonne allure, sans se mettre à galoper.
Il est important que l'arrière-main du scottish soit puissante, que les fesses soient larges et bien musclées.

Les pieds

Ils sont de bonne dimension, avec de bons coussinets. Les doigts sont bien serrés et cambrés.

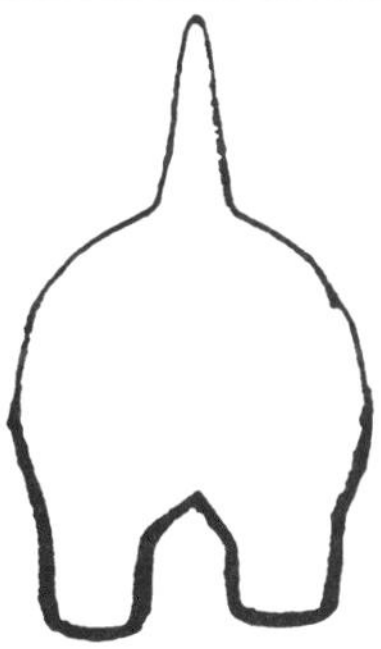
Arrière-main correcte

Avant-main correcte

Profil correct de l'arrière-main

Bonne ligne de dos et bonne implantation de queue

Bon profil

APLOMBS DES MEMBRES POSTÉRIEURS

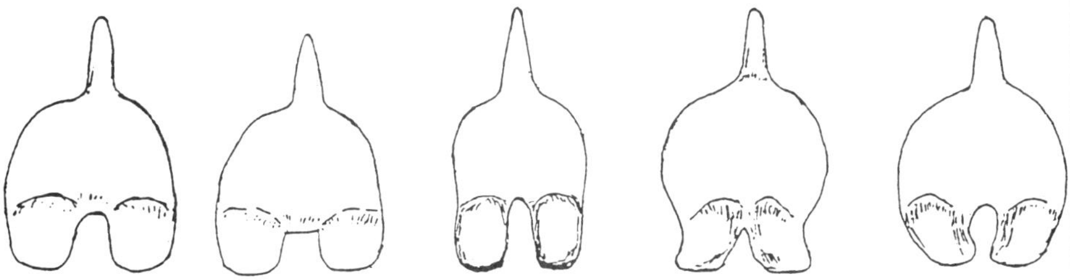

Normaux — Trop ouverts — Trop serrés — Panards ou jarrets dit «de vache» — Cagneux ou «en tonneau»

Les ongles des pattes doivent être coupés régulièrement (s'il n'y a pas usure naturelle), car la patte doit reposer sur les coussinets et non sur les ongles. Les principaux défauts sont les pieds panards ou cagneux.
Panards : lorsque l'on regarde les aplombs, à l'avant ou à l'arrière, les pieds sortent vers l'extérieur.
Cagneux : les pieds rentrent vers l'intérieur.
Les pieds antérieurs sont légèrement plus grands que les postérieurs car, à l'origine, ils servaient à creuser les terriers.

Les allures et le mouvement

On distingue sous le terme allures, des attitudes ou postures qui sont les différentes positions du chien à l'état statique et immobile.
Pour l'examen statique des allures, on examine le chien de face, de l'avant à l'arrière, ainsi que sur ses deux profils.
Les allures sont fonction d'une part, de la conformation des régions et des aplombs (de l'épaule et de l'arrière-main) et d'autre part, des angulations, en particulier, celles du jarret.
L'examen en dynamique des allures se fait comme en statique, de face et de profil.
Dans un ring d'exposition, pour cet examen, le chien doit être tenu en laisse librement et se déplacer au trot suivant un parcours en triangle.
La démarche est liée à la bonne conformation du chien.
Le mouvement est libre, droit vu de devant comme de derrière.
Le standard décrit bien la démarche du scottish, elle n'est pas comme celle du fox terrier, mais ressemble plutôt à une sorte de roulement qui causerait un balancement du corps, si bien que le centre de gravité reste au-dessus de l'axe vertical des pattes.

La queue

Elle servait, à l'origine, pour retirer le chien du terrier. De longueur moyenne, pour donner de l'équilibre au chien et jamais écourtée. Elle est portée droite, ou légèrement courbée, mais jamais sur le dos. Elle est le reflet de son humeur, ce qui fait dire à Josh Bilbings :

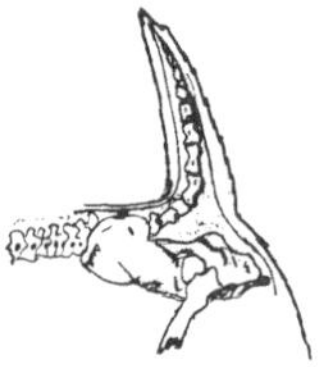

Excellent port de queue

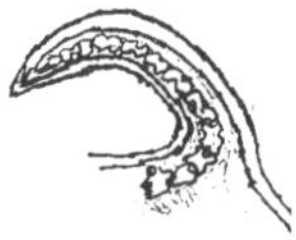

Queue recourbée sur le dos

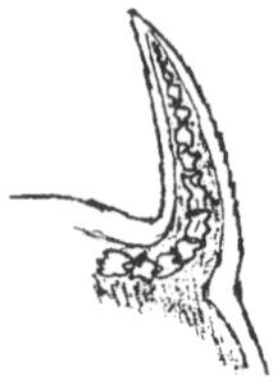

Queue implantée trop bas

Queue recourbée vers le sol

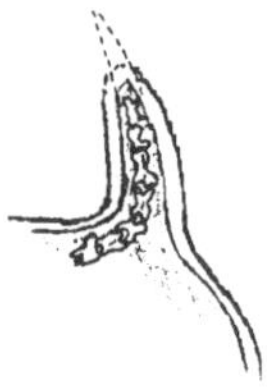

Queue trop courte ou écourtée

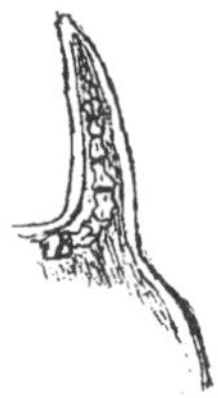

Queue nouée

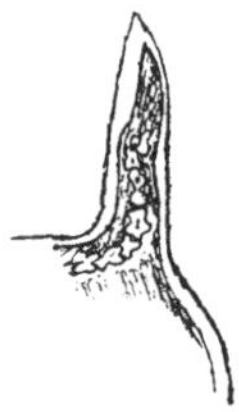

Queue cassée et déformée

«Il n'est au monde qu'une seule chose que l'on ne puisse acheter : les battements joyeux et spontanés de la queue de son chien».

Le poil

Il est double, serré contre le corps; le sous-poil est court, dense et doux; le poil de couverture, rêche, dense et dur (crin).

Cet ensemble constitue une protection face aux intempéries et autres agressions de la nature. L'absence de sous-poil constitue un défaut, il en est de même pour un pelage fin, mou, laineux et frisé.

De nos jours, le scottish étant devenu «chien de salon», son poil semble quelquefois moins fourni que celui des chiens vivant dans les Highlands.

Couleur

Noir, froment et bringé de n'importe quelle couleur.

Dans l'esprit de beaucoup de gens, le scottish est noir, c'est une erreur car la couleur initiale était le bringé.

Il y a tout une gamme de couleurs dans le bringé : du gris clair au gris foncé, au poivre et sel en passant par le marron et le roux. Quelques éleveurs anglais : KENNELGARTH, GAYWYN, MAYSON, NOONSUN, WILDERMIST, TAMZIN sont connus pour leurs chiens de couleur noire, alors que d'autres : REANDA, BRIO, GLENECKER, STUANE, LOMONDVIEW ont préféré la couleur bringée.

La couleur froment a ses adeptes, couleur assez rare car pour l'obtenir, il faut que les deux parents soient

porteurs du gène froment.
En France, deux éleveurs seulement produisent des chiens de couleur froment : Ruth O' Connor, «LE MOULIN DE MAC GREGOR» et katarina Round,«DE CHAMPERNOUNE».

Poids et taille
25,4 cm à 28 cm au garrot pour un poids approximatif de 8,6 à 10,4 kg. Le scottish terrier est un chien robuste et trapu. Attention cependant aux excès car il est très gourmand.

DÉFINITION DES TERMES TECHNIQUES DU STANDARD

Articulé en ciseaux : lorsque les mâchoires sont fermées, les incisives inférieures sont en contact (étroit) avec la face interne des incisives supérieures, de la même façon que les branches d'une paire de ciseaux coupent en glissant l'une contre l'autre. Au contraire, lorsque l'articulé est en pinces (on dit aussi en tenailles ou denture juste), ce sont les extrémités des incisives qui sont en contact, comme une paire de tenailles. Chez le scottish, l'articulé en pinces n'est plus toléré.

L'arrière-main : c'est l'une des trois divisions de la morphologie canine, avec l'avant-main et le corps. C'est un synonyme plus élégant «d'arrière-train».

Coudes en dehors : lorsque le chien possède des aplombs avant corrects, c'est-à-dire des membres antérieurs verticaux corrects, vus de face, les coudes restent collés au corps.

Des aplombs déformés ne se remarquent pas seulement au niveau des pieds ou des poignets, mais aussi aux coudes.

Cryptorchidie : lorsque les testicules ne sont pas descendus dans les bourses, ils restent cachés dans le canal inguinal ou dans l'abdomen. Le chien cryptorchide ne peut procréer.

Monorchidie : lorsqu'un seul testicule est présent dans les bourses.

La monorchidie, comme la cryptorchidie, est une anomalie à composante héréditaire. Le chien monorchide reste généralement stérile.

Poil ouvert : chez le scottish, le pelage est composé d'un sous poil doux et

POINTS DE NON-CONFIRMATION

Décision prise par le comité de la Société Centrale Canine, le 9 décembre 1993, après examen de la proposition de la commission zootechnique du 4 /11/1993.

Type général

Manque de type (insuffisance de caractère ethnique) qui fait que l'animal dans son ensemble ne ressemble plus suffisamment à ses congénères de la même race.

Taille non comprise dans les limites du standard : 24 à 29 cm .

Points particuliers dans le type

Mutilations ou opérations destinées à cacher un défaut ou à modifier un état.

Oreilles tombantes ou semi-dressées.

Yeux ronds ou globuleux.

Jarrets clos.

Queue trop longue ou disproportionnée, cassée ou nouée.

Robe

Poils frisés.

Toute couleur autre que le noir, froment, ou bringé de n'importe quelle couleur.

Excès de ladre.

Yeux très clairs - Yeux vairons.

Anomalies

Monorchidie, cryptorchidie, testicule non complètement descendu.

Béance faisant passer la langue (2 millimètres ou plus).

Prognathisme supérieur ou inférieur.

Articulé en tenaille.

Manque d'incisive ou de canine.

Plus de 8 précarnassières et carnassières manquantes.

Tares invalidantes repérables.

Note : il n'est plus tenu compte d'un éventuel manque de PC1.

Caractère

Agressivité ou crainte excessive.

Caractère et comportement du sujet rendant son examen difficile.

serré, de texture laineuse, recouvert d'un poil de jarre plus rêche et dur.

Le sous poil a un rôle thermique, le poil de couverture protégeant de la pluie.

Le manque de sous poil entraîne un pelage peu épais (qui couvre mal le dos tout en le protégeant insuffisamment du froid), on le qualifie alors de poil ouvert.

Épaules obliques : l'épaule placée obliquement par rapport à l'horizontale fait un angle apparemment droit (90°) avec l'humérus, permettant à l'articulation des mouvements plus libres et amples.

Le caractère *du scottish terrier*

UNE FORTE PERSONNALITÉ

Les caractéristiques physiques du scottish ainsi que son aspect rendent cette race très différente et distincte des autres races.
Sa silhouette surprend et provoque, sur son passage, des commentaires amusés, «avec sa moustache et ses sourcils, il ressemble à un major anglais», et admiratifs, «on dirait un clergyman». De toute évidence, le scottish terrier a un look unique, or son caractère n'est pas en reste. À l'image de son physique, c'est un chien réservé, indépendant, digne, possédant une forte personnalité.
En présence de visiteurs, il ne manifeste aucune agressivité et fait montre de tolérance. Il peut rester seul de longs moments sans paniquer et sans faire de dégâts.
Lorsqu'il vous accompagne en divers lieux, son comportement est celui d'un gentleman. Pourtant et malgré son flegme britannique, le scottish est gai et joueur, si l'envie lui en prend, il apportera sa balle, provoquera son maître, le détournera de son occupation première, l'empêchant de lire ou de faire la sieste par exemple.
Plaisantin et farceur, il chipera volontiers une chaussette ou une chaussure et forcera son maître à le poursuivre. Commencera alors une véritable course à travers les pièces de la maison.
Il aime aussi que l'on rit... mais pas de lui. «VALENTINE, comme nous l'a souvent décrit Hubert, souriait vraiment, il lui arrivait même de laisser exploser sa joie en accompagnant son sourire d'un éternuement, comme si elle s'étranglait de rire. Moments inoubliables».
À tort, on juge parfois le scottish entêté et peu obéissant. Cette erreur fait montre d'une grande incompréhension de la race.
En fait, il est surtout sage et réfléchi, et il a sa propre interprétation des événements, et tout ce qui peut lui sembler peu logique, ou pas raisonnable, entraîne sa désaprobation.
De même, on n'obtiendra pas grand résultat en le brusquant ou en haussant le ton de façon intempestive, c'est un chien avec qui l'on raisonne, avec qui l'on parle.

Le scottish sait aussi oublier sa réserve pour se laisser aller à des jeux follement amusants !

Par exemple, SHIP, en marmonnant, sait faire comprendre ses intentions et ses envies. Si toutefois, l'on ne fait pas suite à ses désirs assez rapidement, il hausse le ton, il lui arrive même de se fâcher et, suivant le ton de son aboiement, il est facile de comprendre ce qu'il veut.

Il est très réceptif et très sensible à l'intonation de la voix. Il sait donc obéir, mais lorsque vous lui donnez des ordres, vous devez savoir y mettre la forme.

On s'accorde à reconnaître au scottish une grande intelligence, doublée d'une bonne mémoire, il comprend tout ce qui se dit autour de lui.

C'est un chien très attaché à son maître, surtout si celui-ci extériorise une forte personnalité et possède le sens de l'humour.

Le scottish terrier n'est plus utilisé pour la chasse mais il en a gardé l'instinct, alors attention à la basse-cour.

Malgré sa réputation de chien calme et posé, il peut être très enclin à de grandes courses effrénées, et comme tous les chiens, il a besoin d'exercice physique régulier, il lui faut donc, dans la mesure du possible, un coin de pelouse ou un espace adapté pour qu'il puisse se défouler, faire ses muscles et éventuellement s'ébattre avec ses congénères, ce qu'il affectionne.

Bien que le scottish soit de réputation indépendante, il est heureux lorsqu'il est intégré dans un groupe.

Evidemment, afin de le sociabiliser et

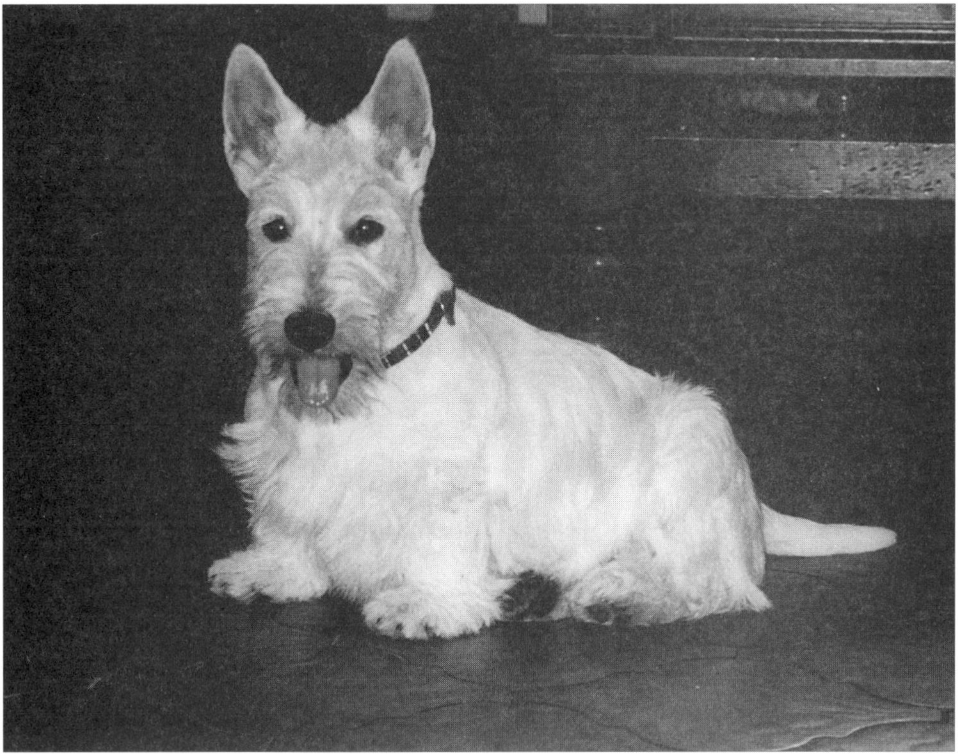

Las Vegas, âgée de 6 mois, déjà mutine et coquine, est la grande amie des enfants.

de le distraire, emmenez-le le plus souvent possible avec vous lors de vos sorties, si celles-ci le permettent, car il aime beaucoup les promenades à la ville et, surtout, à la campagne.

Il adore l'eau et se régale quand il pleut. Il aime également les baignades, mais attention aux piscines car les noyades y sont fréquentes.

Très ponctuel, il vous rappellera à l'ordre si vous avez oublié l'heure de sa pitance. De même, si votre réveil est en panne, il saura vous informer que l'heure de sa promenade est arrivée : l'heure c'est l'heure.

Le scottish s'entend très bien avec les enfants, surtout s'il est élevé au milieu d'eux. Il ne se pliera cependant pas à tous leurs caprices, mais les rappellera gentiment à l'ordre, ou s'en éloignera avec dédain si ceux-ci dépassent les limites de la tolérance.

LAS VEGAS, toute nouvelle venue, s'est aussitôt accaparée de la maison de jeux des enfants, et avec Kate, Mathieu et Christopher, elle y passe d'agréables moments à jouer, chiper leurs jouets et les mordiller mais, finalement, tout ce petit monde s'entend à merveille.

Le scottish peut parfois paraître avare de câlins, il faut souvent le solliciter. La femelle est cependant plus douce et

plus cajoleuse que le mâle qui, malgré tout, apprécie quand même les caresses.
FOUR-BACK, qui est une femelle très câline, n'hésite pas à sauter sur mes genoux dès que je prends place dans un fauteuil. Nous passons ainsi de paisibles moments ensemble. SHIP, son père, est très indépendant, et donne même dans le genre macho, il est caractérisé aussi par son intérêt prononcé pour les nourritures terrestres. Dans la famille, nous l'appelons plus prosaïquement «fine gueule». DOMINO, l'autre mâle, quant à lui, se montre d'une affection débordante, et deviendrait presque racoleur pour ce qui est des caresses. Il ne faut donc pas trop généraliser sur le caractère distant des mâles.
JELLY-ROLL, le petit dernier, dit parfois «le Bel Indifférent», a une préoccupation essentielle : le jeu. C'est un décideur, ceci est presque un

N'oubliez pas qu'il s'agit tout de même d'un terrier, que diable !
Alors, laissez-le faire les 400 coups au grand air.

pléonasme pour un scottish : «maître sans personnalité, s'abstenir». C'est aussi un tendre dominateur et il sait être charmeur si l'on en juge le succès croissant de son maître lorsqu'il l'emmène en promenade.

Le scottish ne quémande pas de caresses auprès d'inconnus, il faut faire les présentations, et ne jamais brusquer les choses.

À l'issu de plusieurs visites, il arrive que la personne, si elle en est jugée digne, soit récompensée de sa persévérance, et qu'une amitié s'installe entre les protagonistes.

Le scottish ne vous imposera qu'une servitude, celle d'un entretien impeccable, brossages quotidiens et épilations périodiques.

C'est le prix de ce chien qui se mérite et qui est fait pour vivre une histoire d'amour avec son maître.

L'utilité du scottish terrier

Comme nous le disions précédemment, le scottish terrier, malgré sa vie citadine, a généralement conservé ses instincts de chasse. Pour s'en assurer, le Club des A T E, par l'intermédiaire de ses délégués régionaux, organise des tests d'Aptitudes Naturelles (TAN). Ces tests ont pour but de mettre en évidence la sociabilité, la maniabilité, l'émotivité ainsi que l'instinct de chasse du chien, celui-ci étant en présence du gibier (en général, un lapin). Ces tests sont notés sur 100 points.

LE TEST D'APTITUDE NATURELLE (TAN)

Les exercices qui composent le T.A.N. sont destinés à tester la stabilité de caractère des sujets des races dont est spécialement chargé le Club des Amateurs de terriers d'Ecosse. Ce sont des exercices simples :

1. Sociabilité	15 points
2. Maniabilité	10 points
3. Comportement	25 points
4. Instinct propre à la race	25 points
5. Emotivité	25 points

1. Sociabilité

Tenus en laisse libre, les chiens à examiner seront placés en attente sur une ligne, éloignés environ d'un mètre les uns des autres.

Chaque sujet tenu en laisse libre effectuera un parcours en marchant à un mètre de la ligne des chiens en attente, et ceci en s'éloignant du juge, puis il reviendra vers le juge en serpentant entre les chiens en attente:

- refuse de marcher : 0
- agressivité envers ses congénères : 1 à 5
- craintif sans refus de marche : 6 à 9
- marche correctement décontracté : 10 à 15

2. Maniabilité

Le sujet, mis sur une table recouverte d'un tapis, sera examiné par le juge.

1. Contrôle de la dentition, y compris l'arrière bouche.
2. Contrôle du tatouage à l'oreille et à la cuisse.
3. Le chien posé sur le dos sera palpé par le juge.

Les qualités de la dentition et du tatouage ne sont pas pris en compte.

-agressivité : 0
-ne se laisse pas examiner : 0
-se laisse examiner avec difficulté : 1 à 5
-se laisse examiner : 6 à 10

3. Comportement

Sujet tenu en laisse courte à côté de son conducteur; le juge, tenant un parapluie, se trouve face au chien à environ quatre

mètres. Après avoir attiré l'attention du chien, il se dirige rapidement vers lui, s'arrête tout près en ouvrant le parapluie face à lui.
-expression de panique : 0
-expression de crainte : 1 à 5
-tentative de mordre : 6 à 7
-aboiements, poils hérissés : 8 à 10
-grondements crocs dégagés : 11 à 15
-attitude décontractée, intéressée : 16 à 25

4. Instinct propre à la race

Dans un espace de 4 m x 4 m, fermé si possible afin que le chien soit libre ou en laisse non tendue, ce dernier est mis en présence d'un animal vivant dans une boîte grillagée.
-indifférent : 0
-curiosité visuelle : 1 à 5
-curiosité olfactive : 6 à 10
-donne de la voix, cherche à attaquer :11 à 15
-cherche à attaquer : 16 à 25
Tenir compte de l'instinct propre à chaque race.

5. Émotivité

Les chiens, 5 au maximum, sont placés sur une ligne face au tireur, ce dernier étant distant d'environ 8 mètres. Un coup de feu sera tiré face aux chiens, l'arme orientée à 2 mètres au-dessus des conducteurs; un deuxième coup de feu sera tiré dans les mêmes conditions après que les chiens aient changé de place. Avant chaque coup de feu, attirer l'attention des chiens.
-expression de panique : 0
-expression de crainte : 1 à 8
-expression d'indifférence : 9 à 15
-expression intéressée : 16 à 25

ÉPREUVES DE SÉLECTION SOUS TERRE

Le scottish a également des dispositions pour la classe travail. La Réunion des Amateurs de Fox-terriers, la «R.A.F», organise des tests, des épreuves de sélection, des concours au terrier artificiel et, pour les plus chevronnés, au terrier naturel, ainsi que des épreuves de débroussaillage. Les épreuves de sélection sous terre ont pour but de sélectionner au terrier artificiel et de former des chiens capables de chasser au terrier naturel, avec le moins de risques possible afin de perpétuer les aptitudes naturelles de la race.
Les épreuves de sélection sont réservées

RÉSULTATS DU T.A.N.

0 à 49 points	ajourné (4 ajournements = élimination)
50 à 59	bon
60 à 74	très bon
75 à 100	excellent

Nota : Un zéro obtenu dans une partie du test élimine de ce test.
Le chien ayant eu un 0 ne peut donc pas continuer le test sur la partie suivante.

aux différentes variétés de terriers. Elles sont ouvertes, selon les dispositions du programme, soit à une seule race ou variété, soit à toutes.
Les épreuves de sélection sont réservées aux chiens inscrits à un livre des origines reconnu par la Fédération Cynologique.

Le terrier artificiel
Pour les épreuves, les associations canines s'occupant de cette sélection doivent disposer d'un terrier artificiel constitué comme suit : une galerie en bois composée de caissons sans fond munis de couvercles à charnières et percés d'un petit trou central. Les caissons mesurent 50 cm de long, 18 cm de largeur, et 20 cm de hauteur. Ils sont disposés bout à bout et enterrés dans le sol, de telle manière que les couvercles puissent se manoeuvrer aisément. La longueur totale du terrier artificiel doit atteindre 15 mètres minimum de développement en fer à cheval ou comportant des angles obtus.
Les épreuves de sélection sous terre au terrier artificiel doivent être, autant que possible, à l'image de la chasse au terrier naturel. Deux hypothèses peuvent se présenter au cours de celle-ci : le terrier est vide ou bien habité. Le chien doit être capable de l'indiquer. Dans le terrier vide, il ne doit pas donner de la voix, même au cours de l'inspection longue et minutieuse. Dans le terrier habité, au contraire, il doit donner de la voix dès qu'il prend contact et tant qu'il est en contact.
Les épreuves sont basées sur ces principes et sont organisées pour atteindre ce but. Elles comprennent donc deux épreuves de sélection distincte. Un 1er parcours du terrier vide dans lequel, au préalable, on aura fait passer un renard. Tous les 5 chiens, le terrier sera parcouru par un renard.
Puis, les chiens effectueront un 2ème parcours. L'ordre de passage des concurrents se fera dans l'ordre d'arrivée des engagements. Chaque concurrent tirera au sort, pour chacun de ses chiens, un numéro qui sera celui du passage de son chien.
Ordre de passage des renards : les caisses contenant les renards auront été numérotées préalablement. L'ordre de passage des renards sera tiré au sort en présence des premiers concurrents.
Première épreuve :
parcours du terrier vide
À l'appel du juge, le chien est présenté à l'entrée du terrier. Il doit le parcourir de bout en bout et sortir par l'autre extrémité laissée ouverte. Si le chien s'est échappé des mains de son maître avant de s'introduire dans la bouche d'entrée et qu'il pénètre spontanément par la bouche de sortie, cela est sans importance. À aucun moment durant cette épreuve, le chien ne doit donner de la voix. Le temps donné au chien pour effectuer le parcours est de 3 minutes maximum.
Deuxième épreuve :
travail au terrier habité
La durée de l'épreuve au terrier habité sera la même pour tous les concurrents. En principe, elle est de 20 minutes au total pour la classe ouverte. Elle peut être ramenée à 15 minutes si le nombre de concurrents l'exige.
Le renard est placé entre les deux grilles

de la maire située environ à 2 mètres 50 de la bouche d'entrée :
1. Travail avant la levée des grilles :
Le chien est présenté à l'entrée. Il doit s'introduire dans le terrier franchement, sans crainte, et se rendre au plus vite à la grille. Dès qu'il entre en contact avec le renard, il doit donner de la voix pendant une minute d'une façon continue.
2. Travail à la levée des grilles :
S'assurer du départ du renard jusqu'à la deuxième maire avant la levée de la grille du chien. Dès lors, le travail du chien consiste à pousser énergiquement le renard jusqu'à l'accul et l'y tenir au ferme sans défaillance jusqu'à la fin de l'épreuve. Ce travail est le plus classique. Les prises à la gorge et à la joue/oreille sont les meilleures. La prise gueule dans la gueule est un point faible. Le juge pourra contrôler la prise au bout de 10 secondes. Enfin un excellent travail est de faire sauter le renard par l'entrée. En cas d'inversion de la position des adversaires, l'entrée doit être fermée par un mode de fermeture laissant passer la lumière. Le travail du chien prendra fin lorsque celui-ci aura poussé le renard jusqu'à l'entrée cloturée, ce qui équivaut à faire sauter la bête au terrier naturel. La poursuite doit être rapide, le chien devant pousser le renard à l'accul dans le temps le plus court, il doit en cours de route et à l'accul, résister aux attaques du renard sans se démonter et donner de la voix de façon ininterrompue et cadencée.

Épreuve de déterrage au terrier naturel

Après un entraînement progressif au terrier artificiel, qui aura permis d'acquérir une première expérience, les chiens peuvent alors être mis au terrier naturel et devenir des collaborateurs indispensables pour la destruction des renards et des blaireaux. Ce sont des auxiliaires précieux pour cette chasse passionnante qu'est la chasse sous-terre. Des concours de déterrage au terrier naturel pourront être organisés : ils auront pour but de mettre en évidence, faire apprécier et reconnaître les qualités de chasse sous terre des chiens.

ÉPREUVE DE QUÊTE AU BOIS ET DE BROUSSAILLAGE

Extrait du règlement de l'épreuve :
Elle permet de mettre en évidence les qualités des terriers et notamment des terriers d'Écosse pour faire sauter un gibier hors de l'enceinte après l'avoir trouvé et lancé.
Cette épreuve ne peut avoir lieu que dans un territoire de chasse au bois ou lande d'une superficie suffisante, comportant une densité correcte de gibiers divers ongulés. Ce territoire comportera du taillis sous futaie dense, des fourrés; ce sera éventuellement un enclos d'une superficie d'au moins 200 ha, où la densité du gibier peut être comparée à celle d'une chasse en milieu ouvert.
Déroulement de l'épreuve :
1. Les juges se postent sur chacun des côtés de la superficie de l'enceinte qui sera d'un hectare minimum.
2. Le conducteur attaque l'enceinte en

compagnie de son chien et le lâche dans celle-ci. En aucun cas, le conducteur ne devra appuyer son chien de la voix avant qu'un gibier ne soit lancé. Les juges devront alors apprécier :

a) La persévérance du chien à traquer le gibier.

b) Sa volonté à faire sauter l'animal de chasse qui ne sera pas confondu avec un gibier qui se dérobe.

c) La qualité de l'aboiement du chien qui donne de la voix à vue ou sur la voie chaude de l'animal de chasse.

Quand le chien aura lancé son animal, le conducteur pourra, s'il le désire, l'appuyer de la voix sans pour cela couvrir celle du chien qui devra faire sauter l'animal de chasse hors de l'enceinte.

Lors de cette épreuve, sera également vérifiée la sûreté du chien aux coups de feu durant l'action.

Pour de plus amples renseignements concernant ces activités, adressez-vous à Madame Pélissier, Présidente de la R A F (réunion des amateurs de fox-terriers).
Tél : 33 83 31 37 - Fax : 33 83 73 72

La commission de travail est assurée par : Mmes. M. Calatayud, P.A. Delaby, Mrs L. Deligne, P. Trincqueneaux (coordinateur).

Pour les membres du Club des Amateurs des Terriers d'Écosse, adressez-vous à :
Mr Le Magnan, Dressais, 36120 ARDENTES.
Tél : (16) 54 36 20 39.

Deuxième partie

Bien vivre avec votre scottish terrier

Baby Palace

Accueillir *un* chiot *scottish terrier*

Avant d'acheter un chiot scottish terrier, adressez-vous à la Société Centrale Canine ou aux Amateurs des Terriers d'Ecosse qui vous donneront les renseignements nécessaires - comme la liste des éleveurs sérieux - ou encore, fréquentez les expositions.

LE CHOIX DU CHIOT

Contactez l'éleveur qui, à priori, a votre préférence et demandez à voir la portée de chiots disponibles ainsi que les géniteurs. Rendez donc visite à l'éleveur dans les premières semaines qui suivent la naissance des chiots, non pas pour faire votre choix, ce qui serait encore bien précoce, mais pour vous assurer de la façon dont ils sont élevés.
Ce n'est que lorsque les chiots auront 6 ou 7 semaines que vous pourrez sélectionner celui qui vous semble le

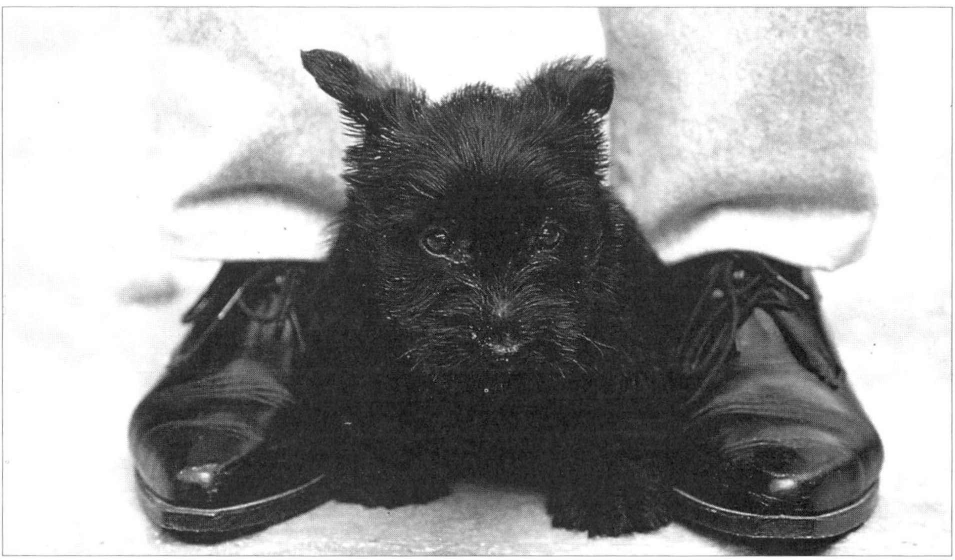

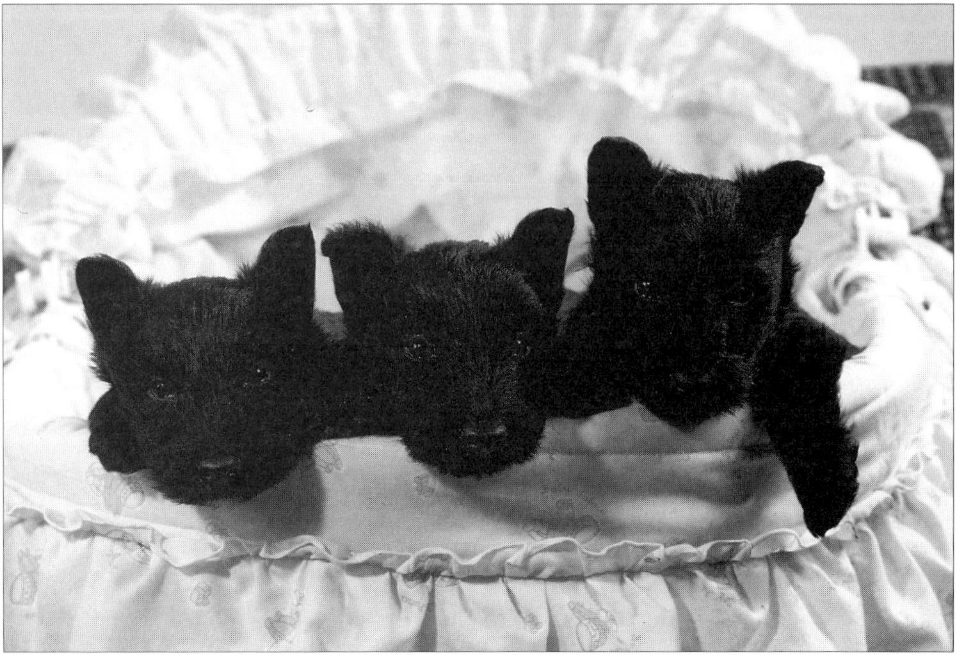

N'achetez jamais un chiot dans une animalerie mais contactez des éleveurs sérieux qui produisent des portées de qualité et dont les chiots sont élevés dans des conditions favorables à leur épanouissement.

plus conforme au standard de la race, bien qu'à cet âge il laisse encore très peu présager ce qu'il deviendra une fois adulte.

Votre choix doit se porter sur un chiot qui n'est pas timide, qui possède un corps harmonieux et bien proportionné, une jolie tête avec de petites oreilles, des yeux scintillants, une dentition de lait saine, un pelage bien fourni et brillant et une queue courte et bien droite.

Une fois que vous aurez pris votre décision, demandez à l'éleveur le régime actuel du chiot afin de le poursuivre pendant un certain temps. Ainsi vous éviterez tout changement alimentaire brutal qui pourrait avoir des effets néfastes sur sa santé. Par la suite, vous passerez progressivement à l'alimentation que vous aurez choisie.

Dès l'acquisition du chiot, présentez-le à un vétérinaire afin que celui-ci effectue un examen complet du petit animal, et vous prodigue, par la même occasion, quelques conseils d'hygiène, de santé et d'éducation.

L'ARRIVÉE DU CHIOT À LA MAISON

Pour son arrivée à la maison, prévoyez un endroit qui lui soit réservé, de préférence une pièce carrelée, facile à nettoyer et dénuée d'objet dangereux (prise électrique, fils électriques,

plantes d'appartement toxiques etc.). Un panier en plastique ou un tapis genre peau de mouton, facilement lavable, lui servira de couche.
Le chiot mettra quelques jours à se familiariser avec son nouvel environnement. Prévoyez suffisamment de temps pour vous occuper de lui lors des premières journées et évitez de le laisser seul.
Afin que la transition de son lieu d'élevage à sa nouvelle demeure se passe bien et ne lui procure pas trop de stress, jouez avec lui, occupez-le avec des jouets couineurs, des os en peau de buffle etc.
Les premières nuits sont parfois difficiles à passer, du fait de la séparation avec sa mère et sa fratrie canine, ainsi que de la rupture avec son environnement habituel. Pour pallier à ce «sentiment de solitude», vous pouvez lui laisser le téléviseur allumé ou glisser une bouillote d'eau chaude dans son panier.
Une fois qu'il sera bien inséré dans les lieux, vous pourrez commencer son éducation.

L'ÉDUCATION DU CHIOT

L'apprentissage de la propreté

Pour vivre en harmonie avec l'homme, un dressage minutieux lui permettra d'acquérir les règles élémentaires de bonne éducation.
En premier lieu, enseignez-lui à être propre. Un bébé chien dort beaucoup (pendant son sommeil, évitez qu'il soit dérangé). Très souvent, dès qu'il se réveille, le chiot a envie d'uriner, aussi sortez-le régulièrement afin qu'il puisse se soulager.
Certains chiots sont plus vite propres que d'autres, mais avec de la patience et de la persévérance, des récompenses et des caresses distribuées à bon escient, vous y arriverez sûrement.
Le chiot, en général, garde toujours son lit propre. En aucun cas (sauf la maladie), un chien, même un chiot, ne souillera sa couche (il fera ses besoins juste à côté mais jamais dedans).
Pour qu'il devienne propre à la maison, il faut qu'il comprenne que tous les endroits de l'habitation sont assimilables à son lit.
Si vous n'êtes pas assez disponible, servez-vous d'un vieux truc, «le journal». Il suffit de le déposer sur un endroit mouillé dans la pièce où le chiot se trouve. Pour nettoyer, retirez les feuilles les plus trempées et redéposez sur celles qui restent des feuilles propres, ainsi le chiot retournera là ou il a laissé ses odeurs, et recherchera cet endroit pour faire à nouveau ses besoins. Dans un second temps, déplacez le journal pour vous approcher progressivement de la porte de sortie et, pour finir, passez-le en dessous en ne laissant dépasser qu'un petit coin dans la pièce.
En principe, le chiot n'apercevant pour ainsi dire plus ses feuilles, se mettra à les réclamer. Vous comprendrez alors qu'il cherche à faire ses besoins.
La méthode des journaux n'est efficace que dans la mesure où ceux-ci sont rapidement rapprochés de la porte, si vous tardez trop, le chiot prendra l'habitude de faire ses besoins à

Le chiot déteste la solitude, aussi une fois séparé de ses frères, il risque fort de devenir un adorable petit «pot de colle».

l'endroit où vous les avez laissés et non à l'extérieur.

Procédez à son éducation sans cruauté, ni cri, et sans jamais lui mettre le nez dedans. D'une manière générale, un chien fait ses besoins peu de temps après avoir mangé. Ce qu'il faut savoir, c'est qu'un chiot fait ses crottes 4 à 5 fois par jour, puis adulte, 2 à 3 fois.

Une petite promenade stimule son envie. Avant de se mettre en position, le chien renifle, tourne en rond, c'est à ce moment là, que vous vous pouvez intervenir, en le dirigeant vers le caniveau, ou à l'endroit propice. S'il s'obstine, il ne vous restera que la solution de ramasser ses crottes.

De votre promptitude à intervenir pour l'emmener à l'endroit que vous lui avez réservé pour faire ses besoins, dépendra la rapidité de son apprentissage.

La marche en laisse et le rappel

À 4 mois, il faut lui apprendre à marcher en laisse, (assurez-vous, quand vous le sortez, qu'il est bien vacciné). Afin de l'habituer, mettez-lui un collier léger, il va se secouer et se gratter pendant quelques temps, puis il n'y pensera plus. Par la suite, attachez au collier une petite laisse que vous laisserez traîner derrière lui, répétez l'opération plusieurs fois par jour, à la longue, il s'habituera à sa présence.

De temps en temps, prenez la laisse en main et suivez-le dans tous ses déplacements.

Par la suite, assurez-vous de la solidité

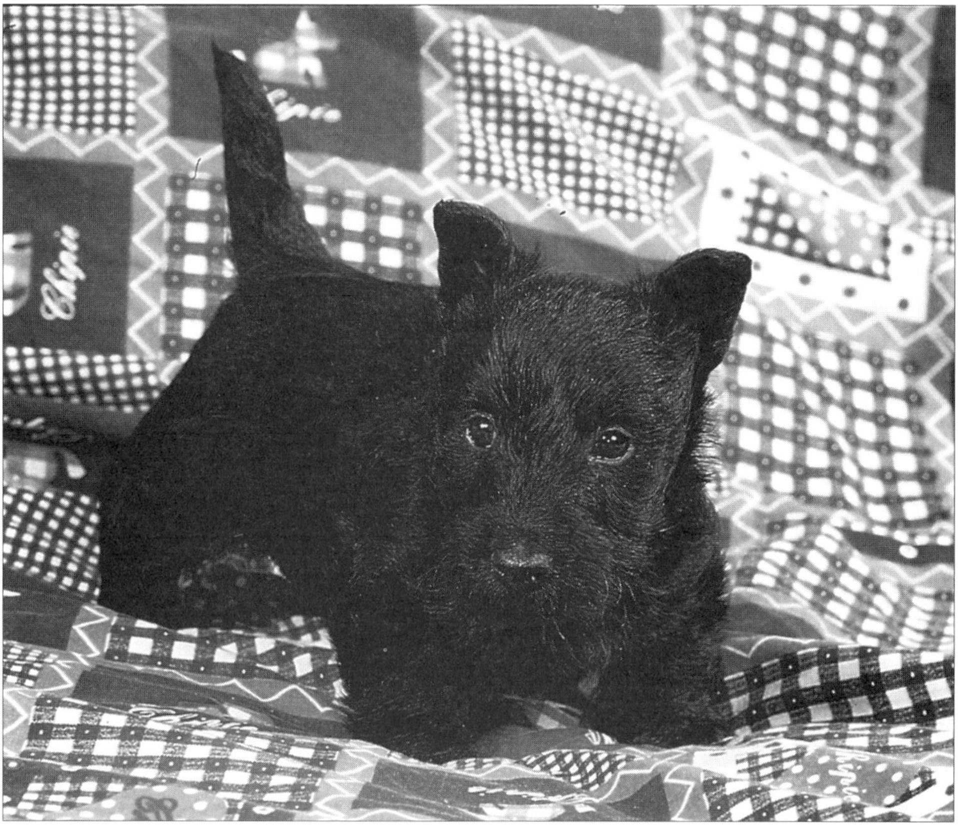

L'aspect trapu de la morphologie du scottish est encore plus flagrant chez le chiot, donnant à ce dernier un petit air clownesque.

et de l'efficacité de son équipement, vérifiez qu'il ne puisse dégager sa tête du collier, puis sortez-le dans un endroit calme, laissez-le aller à sa guise et suivez-le en tenant la laisse sans tirer dessus.

Appelez-le en vous accroupissant, s'il refuse d'avancer, employez-la méthode de la récompense qui consiste à le faire marcher en lui présentant ses friandises préférées.

Tirez légèrement sur la laisse, il va venir vers vous, alors récompensez-le abondamment. Il comprendra vite que vous lui donnez des bonnes choses lorsqu'il vient vers vous.

Par la suite, remplacez progressivement les friandises par des caresses et des félicitations.

Employez la douceur et faites usage de beaucoup de patience et de persévérance.

Pour sa sécurité et votre tranquillité, il est nécessaire que votre chien revienne systématiquement à vos pieds lorsque vous lui ordonnez.

Pour assimilez cet ordre, il faut que le chiot l'apprenne très jeune.

On s'appuiera pour cela sur l'instinct

grégaire du chien qui, lorsqu'il est tout jeune, a horreur de se trouver seul.

Dès qu'il vous rejoint spontanément, appelez-le par son nom et dites-lui «viens» tout en frappant sur votre cuisse (utilisez toujours la même expression), puis récompensez-le et félicitez-le en lui disant «c'est bien».

Répétez l'opération souvent jusqu'à ce que l'ordre de rappel soit associé au plaisir de retrouver son maître.

La marche au pied

Habitué à son collier et à sa laisse, vous pouvez commencer son apprentissage de la marche au pied. Utilisez de préférence, pour cet exercice, un collier en sangle qui transmettra bien vos ordres.

Laissez-le bien se défouler dans un endroit isolé, puis reprennez-le en laisse, marchez d'un pas bien rythmé en tenant votre chien - à gauche de préférence -, s'il se met à tirer, reprenez-le en secouant la laisse et en disant d'un ton ferme «non», relachez la tension dès qu'il cesse de tirer, et félicitez-le en disant son nom, ainsi que «c'est bien, au pied». Répétez cet exercice le plus souvent possible, mais pendant des laps de temps assez courts.

Une fois qu'il aura bien accepté la laisse et qu'il marchera correctement au pied, faites des promenades fréquentes mais courtes si possibles, car du fait de sa morphologie et de son jeune âge, il faut lui éviter des sorties trop longues.

Comment lui parler

La base de son éducation consiste à lui apprendre à «répondre», à venir vers vous à l'appel de son nom. La seconde étape consiste à définir clairement ce qui lui est permis ou interdit. Il faut être ferme et intransigeant. L'autorité du maître doit être constante.

Pour être équilibré, le chien a besoin de connaître les règles du jeu.

Pour le scottish, l'intonation donnée aux commandements est d'une grande importance.

Ne sermonnez jamais votre chiot s'il n'est pas capable de comprendre : lorsqu'il fait une bêtise, la réprimande doit être immédiate, sinon cela ne sert à rien.

Apprenez lui aussi à faire la différence entre «bien et mal, oui et non». Prenez l'habitude de ne rien lui demander sans avoir auparavant sollicité son attention en l'appelant par son nom. Les gestes et les attitudes sont également très importants. Employez toujours les mêmes mots et les mêmes gestes lorsque vous donnez un ordre.

LE CHIOT D'EXPOSITION

Si votre ambition est de participer à des expositions canines, le choix du chiot sera plus difficile. Adressez-vous à un éleveur sérieux obtenant de bons résultats en concours avec ses chiens.

Il est évident qu'à deux mois, on ne peut pas encore savoir si un chiot sera un chien de concours, voire un champion, une fois adulte.

Entre 6 et 8 mois, le chien aura assez évolué pour que vous puissiez juger s'il a suffisamment de qualités pour se présenter honorablement dans un ring.

Habituez-le à de fréquentes séances de toilettage, à se tenir correctement, à se laisser manipuler par des personnes étrangères et à bien marcher en laisse, la tête haute et la queue bien droite.

La santé du scottish terrier

CONSEILS GÉNÉRAUX D'HYGIÈNE

Un grand nombre de maladies infectieuses peuvent être évitées grâce à un nettoyage quotidien, à la désinfection, la dératisation, la désinsectisation et l'hygiène alimentaire.

Pour un éleveur, une désinfection efficace passe inéluctablement par un bon nettoyage régulier des locaux, chenils etc, par un enlèvement quotidien des matières fécales et des restes de repas.

L'idéal est d'avoir le sol et les murs carrelés pour que le nettoyage puisse se faire aisément et on utilisera un détergent ou de la vapeur d'eau sous pression, qui est de loin la solution la plus efficace (il existe à l'heure actuelle dans le commerce et à des prix abordables, des appareils très bien adaptés). Il est évident que le nettoyage sera suivi d'une désinfection.

Parmi les désinfectants les plus efficaces, on trouve la bonne vieille eau de javel, le gresyl, et d'autres produits spécifiques que l'on trouve dans les magasins spécialisés.

Pour la désinsectisation, plusieurs procédés et systèmes existent dans le commerce, il importe simplement de bien suivre les indications du fabricant. Beaucoup d'insectes, comme les mouches, sont attirés par les matières fécales, les restes de nourriture. On évitera cependant certaines substances qui peuvent s'avérer toxiques pour les chiots. En ce qui concerne la dératisation, il faut faire attention car les raticides sont des produits très toxiques pour le chien, aussi il faut absolument éviter que l'animal y ait accès (même une souris morte par absorption d'un raticide est dangereuse pour le chien).

La meilleure solution pour lutter contre ce fléau reste l'hygiène la plus élémentaire : un stockage convenable des aliments, c'est-à-dire inaccessible aux rongeurs, ainsi que le retrait des restes de repas - la nourriture du chien doit être retirée une heure environ après sa distribution -, en bref ne rien laisser à la portée des nuisibles qui puisse les attirer.

LES PARASITES ET LES MALADIES

Le but de ce chapitre est d'apporter aux heureux propriétaires de scottish terriers quelques notions élémentaires

LES VACCINATIONS

Le chiot, à l'âge de 7 ou 8 semaines, sera vacciné contre les maladies courantes : la maladie de Carré, l'hépatite contagieuse, la parvovirose canine, et les leptospiroses.

Liste des lettres clés utilisées pour désigner en abrégé les vaccins canins :

C : maladie de Carré; souvent mortelle et laisse toujours des séquelles.

H : maladie de Rubarth, hépatite contagieuse virale; très répandue, mortelle pour les chiots comme pour les chiens âgés.

L : la leptospirose canine, c'est le typhus du chien.

P : parvovirose canine, très souvent mortelle.

R : la rage.

T : le tétanos, maladie rare mais toujours mortelle; elle peut toucher le chien en contact avec des chevaux.

T C : toux de chenil.

Autre vaccination : la piroplasmose.

CALENDRIER DES VACCINATIONS

âge	**valences vaccinales**
5 semaines	P (si risque, ou milieu infecté)
7 à 8 semaines	CHP + TC ou CHLP + TC
3 mois	CHLP + TC ou CHLPR + TC
4 mois	LR
1 an	CHLPR + TC
Tous les ans	CHLR + TC
en alternance	LPR + TC

sur les maladies, parasitoses et accidents dont peut être victime leur «compagnon».

Vous constaterez que le scottish terrier est un chien robuste si vous suivez les règles de base concernant les soins réguliers, le toilettage et l'hygiène et si vous lui assurez une vie saine et équilibrée.

Vous avez entre vos mains tous les atouts pour en faire un chien heureux et en bonne santé.

Cependant, lorsque l'état de votre animal vous paraît anormal, voire inquiétant, ne négligez pas, malgré les quelques conseils prodigués, de consulter votre vétérinaire qui, grâce à ses compétences, apportera à votre chien tous les soins dont il aura besoin.

Les parasites externes

Les puces

La puce est un insecte rampant qui se faufile entre les poils de son hôte et elle n'y reste, en général, que 15 à 30 minutes pour se nourrir de sang (jusqu'à 20 fois son propre poids). Elle passe 99% de son temps dans les tapis, les moquettes, les plinthes, les interstices du plancher etc., à l'abri de la lumière. La puce peut vivre plus d'une année sans manger.

La salive anticoagulante que la puce injecte dans la peau du chien est responsable d'allergies (pustules) et provoque des grattages qui peuvent entraîner des lésions hémorragiques et des chutes de poils, des dermatoses, des eczémas, etc... Il n'est pas toujours facile de trouver les puces sur votre chien, puisque celles-ci restent très peu sur l'animal. On peut s'assurer de leur présence par les excréments qu'elles laissent dans le pelage de l'animal, des petits grains noirs, ainsi que par l'observation des selles et des plis de l'anus dans lesquels on découvre des petits grains de riz, qui sont en fait des vers de ténias (diphylidium caninum). Une vermifugation ne sera efficace que si elle est associée à un traitement anti-puces de l'animal et de son environnement.

Les tiques

La tique est une hématophage, elle se nourrit de sang et peut transmettre la piroplasmose, qui est une maladie entraînant une insuffisance hépato-rénale et une anémie mortelle en l'absence de traitement. Les tiques vivent dans les broussailles, les herbes hautes etc. Ainsi, les tiques sont dangereuses dans le mesure où elles sont porteuses d'un autre parasite (la barbésia ou piroplasmose).

La tique ressemble à une araignée qui se fixe sur la peau du chien. Il faut de 24 à 48 heures après la fixation du parasite pour que l'inoculation de la piroplasmose dans le sang soit possible, d'où la nécessité de contrôler tous les jours son chien et de retirer rapidement les tiques après leur découverte. Ne jamais arracher une tique en tirant dessus, se servir d'éther ou d'une bombe anti-tiques pour l'endormir, ce qui évitera de laisser les mâchoires accrochées dans la peau. Après l'anesthésie de la tique, se servir d'une pince à épiler pour la retirer, puis désinfecter la plaie à l'aide d'un antiseptique.

Les symptômes de la contamination sont :

- Une baisse de forme et d'appétit
- Une fièvre de 40 à 41° pendant 1 ou 2 jours
- Une anorexie
- Une accélération du rythme cardiaque
- Une décoloration des muqueuses
- Des vomissements (suc gastrique ou mousse blanche)

Dès que ces signes apparaissent, voyez rapidement un vétérinaire qui fera des injections de piroplasmide. Il existe un vaccin qui n'est pas efficace à 100% mais qui atténue cependant la gravité de la maladie. La piroplasmose n'est pas transmissible de chien en chien.

Une foule de maux peut s'abattre sur votre petit compagnon mais, pas de panique, une bonne hygiène de vie devrait le prémunir contre la plupart des affections et parasites.

Attention : pas d'injection de vaccin pour les femelles en cours de gestation. Pour protéger votre chien, faites-le vacciner, ou utilisez des colliers anti-tiques et des poudres insecticides. Il existe une autre maladie en relation avec les piqûres de tiques : c'est la maladie de Lyme.

La gale des oreilles

Elle est due à des acariens qui provoquent des démangeaisons violentes et une production abondante de cérumen noirâtre. En l'absence de traitement, cette gale auriculaire peut évoluer vers des otites infectieuses. C'est pourquoi, si votre chien secoue la tête et se gratte fortement l'oreille, emmenez-le chez le vétérinaire qui lui prescrira une préparation acaricide à appliquer sur l'oreille.

La gale du corps

Elle est due à des acariens qui creusent des galeries dans la peau et se développent d'autant plus que l'animal est faible. Cette gale provoquée par le sarcopte se transmet à l'homme.

Chez le chien, elle se manifeste par des démangeaisons importantes, des boutons rouges et des lésions apparaissent à des endroits où le poil est clairsemé (coudes, oreilles, ventre...). Si le chien n'est pas soigné, il sera bientôt recouvert de croûtes. Une lotion acaricide et un shampooing anti-séborrhéique constitueront le traitement. Pour éviter les grattages, des anti-inflammatoires sont parfois nécessaires.

Les aoûtats

Sont les larves d'un petit acarien, le Trombidon, qui se rencontre dans les jardins, les broussailles et les prés.

Le corps de l'aoûtat est recouvert d'un petit poil roux orangé facilement reconnaissable. L'aoûtat est actif en été et, au début de l'automne, il se fixe sur la peau du chien chez lequel il va engendrer une poussée d'urticaire. Les zones atteintes sont la tête, les oreilles, la région abdominale et le bout des pattes.

Pour lutter contre les aoûtats, le mieux est d'utiliser des produits à base de lindane. À part les démangeaisons, ce parasite ne provoque pas de lésions particulières.

La démodécie

Il s'agit d'une affection provoquée par un acarien (demodex canis) qui vit à la base des poils, à l'intérieur du follicule pileux où il se nourrit de sébum.

La maladie, peu contagieuse, atteint surtout les jeunes de 3 mois à 1 an mais elle existe aussi chez les adultes.

Dans sa forme simple ou sèche, elle provoque une congestion de la peau, avec dépilation et squamosis, le prurit n'est pas intense, voire absent, et elle n'entraîne pratiquement pas de démangeaisons. Dans sa forme infectée, elle devient pustuleuse et prurigineuse, du fait d'une infection bactérienne, et provoque des grattages intenses. En cas d'atteinte grave, l'animal devient léthargique avec un manque d'appétit marqué. Le traitement de la démodécie est bien au point à présent. Dès les premiers symptômes, il faut impérativement consulter un vétérinaire qui, grâce à des prélèvements par raclages cutanés, diagnostiquera la maladie et appliquera le remède qui convient.

Un traitement antibiotique se révèle nécessaire dans les formes graves de la maladie.

Les parasites internes

Les ascaris

Les ascaris ou vers ronds (mesurant de 5 à 18 cm et de couleur blanchâtre) vivent dans l'intestin grêle et se nourrissent des débris alimentaires et tissulaires.

Dès la naissance, presque tous les chiots sont contaminés par les ascaris (transmis par la mère par voie transplacentaire). Le chien se contamine aussi en ingérant des oeufs d'ascaris présents dans la nature. Ils provoquent un appétit capricieux, de la constipation en alternance avec de la diarrhée, des retards de croissance chez le jeune chiot, ainsi qu'un ventre ballonné et un poil terne.

L'ascaris peut être transmis à l'homme.

Vermifugez régulièrement les femelles gestantes, notamment 15 jours avant et 15 jours après la mise-bas, ainsi que les chiots, 15 jours après la naissance, puis

tous les 15 jours jusqu'à 2 mois, et tous les mois jusqu'à 6 mois (avec des vermifuges adaptés pour chiot).
Vermifugez le chien adulte tous les 6 mois, exceptionnellement tous les 3 mois si vous en avez plusieurs.

Les ténias

Les ténias ou vers plats peuvent mesurer environ 2 mètres et sont composés de nombreux segments blanchâtres. Ils se développent dans le tube digestif et se nourrissent du contenu intestinal. Leur cycle de développement requière un hôte intermédiaire et chez le chien, cet hôte peut être la puce ou le pou. Les ténias rejettent leurs anneaux remplis d'oeufs (ou progliottis) dans les selles, entre 6 et 8 semaines après l'infestation.
Présents en grand nombre, ces vers peuvent entraîner des diarrhées, un amaigrissement et une inappétence.
Comme traitement, utilisez un vermifuge spécifique (ténicide). Le traitement devra être souvent répété et, parallèlement, protégez votre chien des parasites externes (puces, poux).

Les trichures

Ce sont des vers relativement petits, d'environ 5 cm, qui se fixent sur la paroi du gros intestin et du caecum du chien, et se nourrissent de sang. Cette affection parasitaire se développe dans les chenils malpropres et obscurs. Le chien s'infecte en ingérant des aliments souillés par les oeufs des parasites.
Les symptômes sont des douleurs abdominales, une diarrhée chronique et souvent hémorragique, ainsi que de l'anémie. Ce ver est difficile à éliminer, c'est pourquoi l'administration 5 jours de suite d'un vermifuge efficace est recommandée.

Les ankylostomes

Ce sont des vers ronds, rougeâtres, mesurant environ 1 centimètre. Les adultes se fixent à la paroi de l'intestin grêle et se nourrissent de sang.
Ils affectent surtout les animaux vivant en collectivité et provoquent une diarrhée brun rougeâtre, un amaigrissement, ainsi qu'une forte anémie. Un ou deux traitements antiparasitaires à 24 heures d'intervalle permettent d'éliminer ces vers.

Les coccidies

Ce sont des parasites microscopiques de la famille des protozoaires.
Logés dans le tube digestif, ils provoquent, uniquemment chez le jeune chien, des diarrhées violentes, un manque d'appétit et des vomissements répétés.
Un traitement à base de sulfamides

RYTHME DES VERMIFUGATIONS

Mensuel	**pour les ankylostomes, les trichures.**
Bimestriel	**pour les ascaris.**

devra être suivi durant plusieurs semaines.
Un même vermifuge n'est pas efficace contre tous les vers digestifs (il en existe une vingtaine d'espèces).
Il faut donc administrer celui qui est spécifique au parasite identifié et, pour cela, une analyse des selles est parfois nécessaire.
Vermifugez régulièrement votre chien car une infestation parasitaire peut avoir de lourdes conséquences.

La toux de chenil
C'est une maladie infectieuse et très contagieuse, la bactérie étant véhiculée par l'air. Elle affecte la trachée, les bronches et produit une toux sèche et rauque, qui se prolonge durant plusieurs semaines. Cette maladie concerne essentiellement (comme son nom l'indique) les animaux vivant en collectivité.
C'est une trachéo-bronchite infectieuse, la bactérie en cause provoque une toux sèche accompagnée ou non d'écoulements purulents, de conjonctivite, de fièvre avec un abattement et un manque d'appétit.
Il existe un vaccin (à dose unique) administrable même aux chiots de plus de 2 semaines. Les sécrétions nasales des animaux malades transportent le virus et les bactéries, aussi faites attention aux nombreux contacts entre animaux lors des expositions canines, des séjours en pension, etc.

La maladie de Carré
Cette maladie infectieuse atteint généralement les chiens très jeunes, mais elle peut aussi être contractée à l'âge adulte.
Elle est due à un virus filtrant très petit, à expansion rapide. La maladie se propage par simple contact avec des animaux malades.
Elle provoque des catarrhes aigus des muqueuses, accompagnés souvent d'une atteinte pulmonaire, et de troubles nerveux impressionnants.
Le jeune chien est triste, abattu, se déplace peu ou pas, il a des écoulements visqueux au niveau des yeux, son nez est sec et chaud, il manque d'appétit, a une fièvre élevée (environ 41°) et maigrit beaucoup.
Il n'existe pas de traitement spécifique. La guérison dépend de la rapidité des soins prodigués par votre vétérinaire.
Comme mesure préventive, la vaccination est fortement conseillée. Elle s'effectue à partir de l'âge de 7 semaines en 2 injections à un mois d'intervalle. Les rappels ont lieu tous les ans puis tous les 2 ans.

La rage
C'est une maladie infectieuse qui atteint le système nerveux. Universellement répandue, elle peut être transmise à tous les animaux à sang chaud, ainsi qu'à l'homme. Elle est due à un virus filtrant qui pénètre dans le système nerveux central et les glandes salivaires. Son issue est presque toujours fatale. La contamination se fait généralement par morsure, griffure ou lèchement de la part d'un animal atteint.
Symptômes : au début, le caractère et l'humeur du chien se modifient. Dans un deuxième temps, les réflexes sont

désordonnés, l'agressivité s'accroît, et la salivation devient très abondante. Le chien est en proie à des hallucinations visuelles et auditives, qu'accompagne une hyperexcitabilité du système sensoriel.
Le chien est pris de fuite ainsi que du besoin de mordre. En quelques jours, la paralysie devient générale, provoquant la mort.
Il existe deux formes de rage, la forme furieuse (agressivité) et la forme muette ou paralytique. La rage spontanée n'existe pas.
En France, la vaccination antirabique n'est obligatoire que dans les départements de l'Est et du Nord Est, en Corse et dans les départements d'outre-mer.
En cas de départ à l'étranger, n'oubliez pas que la vaccination doit être faite un mois avant le départ pour tous les chiens âgés de plus de trois mois. Pour participer à des expositions canines, elle devra systématiquement être effectuée.

La leishmaniose
Elle est due à un protozoaire parasite des globules blancs. Ce parasite est transmis au chien par la piqûre d'un moustique, le phlébotome, qui sévit de fin juin à septembre dans le bassin méditerranéen. En prévention, évitez de laisser le chien dehors entre 16 et 23 heures, protégez l'animal avec des répulsifs et l'habitat avec des produits anti-moustiques ou avec des appareils à ultrasons.
Il n'existe pas de vaccin ni de médicament préventif.
Les symptômes sont une baisse de forme, un amaigrissement, des plaies ulcérées sur la truffe, les coussinets et au bout des oreilles, une perte de poils, une augmentation du volume des ganglions, au pire une insuffisance rénale.

La dirofilariose
Cette affection porte aussi le nom de «maladie des vers du coeur». Elle est provoquée par un ver parasite que transmet au chien la piqûre d'un moustique porteur de larves.
Ces parasites se localisent dans le coeur et les vaisseaux de l'animal et s'y reproduisent.
Les moustiques en cause ne se développent qu'au sein des zones chaudes et marécageuses (dans le sud de la France). Les signes cliniques sont une insuffisance cardiaque, un essoufflement à l'effort, de la toux et une distension de l'abdomen.
Des moyens préventifs existent. Vous pouvez administrer à votre chien un médicament antiparasitaire spécifique durant toute la période à risques (printemps, été).

La leptospirose
Le chien se contamine en buvant de l'eau croupie ou souillée par de l'urine des rongeurs. Des spirochètes du genre leptospira se multiplient dans le sang de l'animal. Cette maladie est transmissible à l'homme.
Les symptômes sont des vomissements mousseux chroniques, des diarrhées souvent hémorragiques accompagnées d'une température élevée, d'une

asthénie et d'un amaigrissement.
L'incubation dure 5 à 8 jours, apparaissent alors une insuffisance rénale aiguë, une urémie, parfois une insuffisance cardiaque et, plus rarement, une encéphalite.
De manière préventive, évitez les baignades et les ébats dans les mares boueuses au sein des zones infectées, luttez contre les rongeurs et désinfectez les chenils à l'eau de Javel ou avec de l'hibitane. La vaccination reste la meilleure prévention.
L'animal malade sera soigné par des antibiotiques mais, bien souvent, des séquelles rénales subsistent.

L'eczéma
C'est la dermatose la plus courante chez le chien. L'eczéma se manifeste par une éruption de vésicules, puis des croûtes et des rhagades se forment.
Causes externes : manque d'hygiène, présence de germes pyogènes.
Causes internes : intoxication alimentaire, ou auto-intoxication intestinale.
Dans tous les cas, les démangeaisons sont intenses aussi appliquez localement des poudres calmantes et désinfectantes et administrez par voie interne des dépuratifs et des sédatifs qui désensibilisent l'organisme.

La teigne
C'est une mycose de la peau provoquée par des champignons. On l'appelle herpès teigne tondante, ou teigne faveuse. Elle est contagieuse pour l'homme. Les lésions sont caractérisées par des zones rondes, dénuées de poils qui ne semblent pas gêner le chien.
La guérison est assez rapide si l'on respecte le traitement à base de produits antifongiques prescrit par le vétérinaire.

LES ZOONOSES

Les zoonoses sont des maladies qui peuvent se transmettre de l'animal à l'homme et inversement, la plus grave étant la rage. Fort heureusement, ces affections sont peu répandues en France.
Les précautions élémentaires consistent à tenir parfaitement à jour le calendrier de vaccinations et de vermifugations de votre petit compagnon.
Le chien peut contaminer l'homme par morsure, griffure, léchage, mais également par ses excréments ou par l'intermédiaire d'un insecte (puce, moustique ou tique).
Pour la rage, ce sont les renards enragés qui transmettent la maladie au chien qui, à son tour, peut contaminer l'homme par morsure. Les individus particulièrement exposés, comme les vétérinaires, les garde-chasses, les agriculteurs ont intérêt à se faire vacciner contre la rage. Pour éviter toute contamination, ne manipulez jamais à main nue un renard ou un chien suspect, utilisez des gants et lavez-vous soigneusement les mains après.
Si une personne a été mordue par un animal enragé, nettoyez à fond sa blessure, en outre, même si elle a été vaccinée, elle doit être traitée et orientée vers un centre de soins spécialisés. Parallèlement, le chien mordeur doit être mis en observation.

La protection de l'homme passe par celle du chien grâce à la vaccination.
En dehors de la rage, il existe d'autres zoonoses aux conséquences, fort heureusement, plus bénignes.
Les tiques du chien peuvent transmettre la fièvre boutonneuse méditerranéenne à l'homme. Les ascaris peuvent aussi se transmettre à l'homme et, plus particulièrement, aux enfants qui jouent avec du sable ou de la terre contaminés par les animaux.
Ces risques peuvent être évités à l'aide de vermifugations et par des mesures d'hygiène simples, comme le lavage fréquent des mains.
La gale et la teigne, très contagieuses, sont également transmissibles à l'homme, mais ce sont deux maladies sans gravité même si elles sont souvent longues à guérir.
Les poux, les acariens de la gale et les puces peuvent provoquer des lésions bénignes chez les deux pattes.
Le chien peut transmettre la leptospirose à son maître par quelques coups de langue. Celui-ci peut aussi s'infecter en touchant des objets souillés par l'urine de son chien.
Tous ces risques relativement infimes peuvent être minorés en adoptant une certaine hygiène de vie, et en assurant un entretien régulier de son chien.

MALADIES ET ANOMALIES GÉNITALES

L'éclampsie

C'est une espèce d'attaque d'épilepsie qui peut se produire chez la chienne à l'approche de la mise-bas et plus fréquemment après.
Elle se caractérise par un balancement du corps qui tombe sur le côté, une raideur des pattes, des convulsions avec des tremblements musculaires et une sécrétion de bave. Les crises d'éclampsie sont déclenchées par une diminution de la concentration en calcium du sang.
Après une crise, tous les symptômes peuvent disparaître d'eux-mêmes, mais cela risque de se reproduire, aussi il est conseillé de voir son vétérinaire qui saura appliquer un traitement adéquat.

Le pyomètre

C'est une affection grave, due à une accumulation de pus dans la cavité de l'utérus. La chienne est triste et abattue, son ventre s'alourdit et prend une forme de poire, elle boit énormément mais n'est cependant pas fiévreuse.
Si l'état de la chienne s'aggrave, elle sera victime de vomissements, de diarrhées et des écoulements vaginaux peuvent apparaître (ils ne seront pas toujours visibles si la chienne se lèche). Consultez d'urgence votre vétérinaire qui, suite aux résultats d'une prise de sang et d'une radiographie, confirmera le diagnostic du pyomètre. Une antibiothérapie est nécessaire et elle est souvent associée à l'ablation de l'utérus.
Si vous attendez trop avant de faire soigner votre chienne, une rupture de la paroi de l'utérus et une effusion de pus dans le péritoine risquent de se produire.

La grossesse nerveuse ou lactation nerveuse

Ce n'est pas une maladie, mais plutôt l'exacerbation d'un phénomène

physiologique normal.
Cela survient généralement entre la 5ème et la 12ème semaine après les chaleurs.
Le comportement de la chienne change, elle devient soit plus câline, soit plus nerveuse.
Elle gémit, oublie de manger, il lui arrive de se cacher ou de fabriquer un «nid», et de materner les objets les plus divers. Elle a également tendance à se lécher les mamelles et la vulve.
Dans certains cas, ses mamelles secrètent un liquide brunâtre et peu abondant, voire même du lait (lactation nerveuse).
Ces manifestations de grossesse chez la chienne non gestante cessent spontanément après 1 à 3 semaines, par contre la lactation nerveuse dure plus longtemps.
Pour éviter ce phénomène, mettez la chienne à la diète pendant 48 heures en limitant la boisson. Confisquez tous les objets qu'elle pourrait materner.
Pendant une semaine, réduisez de moitié sa ration habituelle de protéines et complétez par des légumes verts.
Sortez-la fréquemment.

LES ACCIDENTS

Lors d'accidents graves, même sans symptômes extérieurs visibles, le chien victime doit être systématiquement et rapidement examiné par un vétérinaire, afin que celui-ci vérifie l'absence de traumatisme interne, comme une hémorragie interne, une rupture de vessie, un éclatement du foie ou de la rate etc.

Les fractures
Suite à un accident, la fracture d'un membre est fréquente. Elle se remarque à la position anormale du membre, aux douleurs et aux tuméfactions qui en résultent. Évitez de manipuler le membre blessé, éventuellement immobilisez-le et amenez rapidement le chien chez le vétérinaire.
Dans les cas graves, si l'animal ne peut se mouvoir, il se peut que sa colonne vertébrale soit atteinte.
D'une manière générale, évitez toute manipulation qui risquerait d'aggraver le traumatisme. Si le vétérinaire ne peut se déplacer, transportez le chien sur une surface plane et rigide en le recouvrant d'une couverture et rassurez-le en lui parlant et en le caressant. À son arrivée à la clinique, le vétérinaire évaluera la gravité de son état et prendra toutes les dispositions pour le soigner.

Les saignements et les hémorragies
Une plaie qui saigne abondamment doit faire l'objet de soins immédiats. En cas de coupure d'un coussinet par exemple, nettoyez la plaie, appliquez de l'eau oxygénée, puis une solution antiseptique et faites un pansement que vous renouvellerez tous les jours.
Si la plaie est importante et profonde, faites un gros pansement maintenu très serré et conduisez rapidement le chien chez le vétérinaire qui, si cela s'avère nécessaire, suturera la plaie. Suivant l'importance et l'emplacement de la blessure, vous pouvez éventuellement faire un garrot, mais n'oubliez surtout pas de le desserrer toutes les 10 minutes, en outre il ne devra, en aucun cas, rester

en place plus d'une heure. Il est cependant préférable de faire un point de compression manuel à l'aide d'un linge propre.

Les brûlures

Elles sont produites par la chaleur, les feux divers, les objets brûlants, ou par des produits corrosifs, acides, soudes etc.. Arrosez abondamment d'eau froide, pendant au moins dix minutes, la zone atteinte afin d'atténuer la douleur et la réaction inflammatoire, ainsi que pour éliminer le produit responsable. Dégagez la plaie et nettoyez celle-ci à l'aide d'un antiseptique puis appliquez un tulle gras et recouvrez le tout d'un pansement.

Le coup de chaleur

Pour éviter cette affection parfois mortelle, ne laissez jamais votre chien dans une voiture, les vitres fermées et en plein soleil.

Lors des longs déplacements en été, donnez-lui de l'air et faites-le boire souvent (pour ma part, je mets dans son kennel une serviette éponge mouillée que j'humidifie à chaque arrêt).

Le chien qui souffre d'un coup de chaleur a une température élevée, 40° voire plus, il respire très vite, vomit, a de la diarrhée, ses muqueuses sont congestionnées, il est déshydraté et, au pire, il est pris de convulsions, puis sombre dans le coma.

Si cela devait arriver à votre chien, plongez-le dans de l'eau froide, ou arrosez-le copieusement et constamment jusqu'à ce que sa température redevienne normale.

Si le chien est capable de boire, donnez-lui de l'eau légèrement salée. Après avoir pris soin d'envelopper votre compagnon dans un linge humide, transportez-le rapidement chez le vétérinaire le plus proche qui lui administrera des corticoïdes et le mettra sous perfusion.

Les épillets

Ce sont les gaines des grains de graminées. En été, les épillets, bien secs et durs, se fichent dans la peau et y progressent à la suite des mouvements du chien ou des léchages.

Les organes les plus exposés sont les oreilles. Si le chien marche la tête penchée sur le côté, s'il secoue les oreilles ou se gratte violemment l'une d'entre elles, c'est qu'un épillet est sûrement déjà bien enfoncé.

Avec une pince spéciale, le vétérinaire retirera l'intrus sinon celui-ci risque de s'enfoncer très loin dans le conduit auditif et, au pire, il peut perforer le tympan.

Il arrive aussi que l'épillet se loge dans les espaces interdigités de la patte, s'enfonce et migre parfois très loin.

L'extraction de cette petite herbe peut nécessiter une chirurgie importante. Lorsqu'un épillet pénètre dans les narines ou les yeux, il est très difficile d'aller le chercher.

Pour éviter tous ces problèmes, tondez les poils à l'intérieur des oreilles et entre les doigts, inspectez votre chien systématiquement après chaque promenade, et au moindre signe suspect, intervenez rapidement .

Piqûres d'abeille, de guêpe, de frelon

Elles déclenchent une réaction d'urticaire géant. Lorsque les piqûres sont à la face, la tête du chien gonfle énormément jusqu'à l'occlusion des yeux (oedème de Quincke).
Si le chien est piqué dans la bouche ou au fond de la gorge, l'enflure devenant très importante, l'animal risque de s'asphyxier si l'on n'intervient pas rapidement.

Piqûres de vipère et d'aspic

Elles sont très douloureuses et font hurler le chien. Affolé, celui-ci est souvent pris de vomissements convulsifs.
Calmez-le et recherchez l'endroit où il a été mordu. Surtout, n'ouvrez pas la plaie, ne posez pas de garrot et évitez de manipuler la région touchée afin de ne pas accélérer la diffusion du venin.
Si vous avez un aspi-venin, servez-vous en après avoir dégagé la plaie afin d'agir le plus efficacement possible.
Puis rendez-vous rapidement chez le vétérinaire le plus proche qui fera une injection de sérum anti-venimeux ou interviendra autrement suivant les nouvelles techniques (le sérum anti-venimeux doit toujours être conservé en réfrigérateur à 4° maximum, il est donc difficile de l'emmener avec soi).

L'occlusion intestinale

L'occlusion intestinale correspond à un arrêt total ou partiel du transit digestif. Elle survient souvent chez le jeune chien, car il éprouve le besoin de se faire les dents, et de ce fait, il ne peut s'empêcher de mordiller et, parfois, d'avaler tous les objets qu'il trouve.
L'occlusion peut aussi surprendre le chien adulte ayant un gros appétit qui, insatiable, ingurgite tous les aliments laissés à sa portée, sans prendre la peine de les mâcher, ou encore le chien mal nourri mangeant les déchets trouvés dans les poubelles, entre autres les os qui peuvent former un véritable bouchon «dur comme du béton» dans l'intestin.
Des boules d'ascaris risquent aussi de bloquer le transit intestinal chez le chiot. Des objets très divers peuvent rester coincés dans l'oesophage, dans l'estomac, ou dans l'intestin et provoquer une occlusion, par exemple : les pinces à linge, les jouets d'enfants, les petites balles, les billes, les cailloux, les bouchons en liège etc. Les symptômes dépendent du niveau du blocage : au pire, l'objet du délit doit se retrouver dans les matières fécales 3 jours après l'ingestion. On peut aider cette évacuation par les selles en administrant, sous contrôle vétérinaire, des laxatifs doux (voire de l'huile de parafine), en faisant manger au chien des légumes fibreux qui enrobent le corps étranger et facilitent son expulsion, ainsi qu'en effectuant des lavements.
Le problème devient alarmant si le chien est abattu, respire rapidement, ne s'alimente plus et ne fait plus de selles au delà de 3 jours et ce, malgré quelques brefs épisodes diarrhéiques. De même, s'il vomit, se déshydrate rapidement, connaît de vives douleurs abdominales, une distension du ventre et un état

fébrile et agité. Si le vétérinaire n'obtient pas de résultats à l'aide des divers moyens énoncés précédemment, il ne restera qu'une seule solution pour sauver votre chien : l'opération.

LES EMPOISONNEMENTS

Par des végétaux toxiques
Le laurier rose, le dieffenbachia, le mimosa, le philodendron, les champignons toxiques, la fleur de la glycine, les bulbes de tulipe, de jonquille, de narcisse, de jacinthe, d'iris ainsi que le lierre, le muguet, le houx, la ciguë, l'ancolie etc ...

Par des produits chimiques toxiques
Les raticides, la strychnine (contre les taupes), le methiocarbe (contre les limaces), les anti-coagulants (contre les souris), voire une souris morte après absorption de ce produit, les plaquettes allume barbecue, les désherbants, les produits anti-fourmi (arsenic), l'antigel, les savons, les sommifères, les antidépresseurs, les pilules contraceptives, certains produits ménagers (nettoyant anti-calcaire), les insecticides etc. Le chocolat est également un poison pour les chiens.
Tous ces produits et ces plantes sont dangereux pour la santé de votre chien. S'il lui arrive d'en absorber, faites-le vomir de force avec une solution d'eau tiède additionnée de sel et de moutarde, ou avec une solution d'eau oxygénée à 20 volumes, diluée à 50% puis empressez-vous de le conduire chez le vétérinaire en emportant éventuellement l'emballage du produit en cause ou en essayant de connaître le produit ou la plante que votre chien a ingurgité.
Pour un produit absorbé depuis peu de temps, le vétérinaire administrera un vomitif ou procèdera à un lavage d'estomac ou, s'il connaît le produit en question, donnera l'antidote.

COMMENT ADMINISTRER UN MÉDICAMENT

Le fait de mélanger un médicament, cachet ou gélule, dans une boulette de nourriture, n'est pas toujours la bonne solution, car souvent, le chien se rend compte de la présence du corps étranger, et va le recracher subrepticement.
Pour faire avaler à votre chien un médicament solide, abaissez sa mâchoire inférieure d'une main et, de l'autre main, introduisez dans sa gueule ouverte le comprimé le plus loin possible, poussez-le ensuite à l'aide d'un doigt vers la gorge, refermez assez rapidement ses mâchoires, maintenez-les, puis massez son cou pour l'aider à déglutir. Surveillez que l'opération a bien réussie.
Pour administrer un sirop ou un pansement gastrique par exemple, utilisez une seringue (sans son aiguille), que vous glissez à la commissure des lèvres, tout en maintenant les mâchoires fermées, de façon à l'obliger à avaler.
Procédez toujours avec douceur, en parlant à votre chien, cela le rassurera, et évitera qu'il se débatte et cherche à s'enfuir.

L'entretien du scottish terrier

LES SOINS COURANTS

Les yeux

Le scottish terrier est un chien court sur pattes, évoluant très près du sol. Comme il a toujours la truffe collée au bitume, il a fréquemment les yeux en contact avec des milieux souillés, riches en poussières diverses, en pollens et en microbes; aussi ne vous étonnez pas si ses yeux sont parfois devenus rouges, enflammés et larmoyants. Pour éviter toutes complications, il est conseillé de laver régulièrement les yeux de votre chien, avec un produit comme du dracryo-sérum.

En cas d'irritation, le larmoiement intensif est la première défense, puis l'inflammation suit, donnant des conjonctivites, kératites, ou des blépharites suivant l'organe atteint : la conjonctivite, la cornée ou la paupière.

Les conjonctivites ont des causes variées, coup de griffe, contact avec une branche basse, ou une herbe, gouttes de produits ménagers, eau de Javel ou autres, ou encore une affection parasitaire ou bactériologique.

Il existe d'autres facteurs favorisant : la lumière trop vive, la réverbération du soleil sur la neige, ou sur la mer, qui peuvent créer des inflammations et entraîner des larmoiements abondants difficiles à évacuer par les voies normales. Une irritation qui se prolonge, aboutit fatalement à un phénomène d'inflammation; celui-ci se traduit par une augmentation des sécrétions de larmes produites par les glandes lacrymales, ou du mucus provenant des glandes meibomius. L'inflammation se traite avec des collyres ou des remèdes contenant des antiseptiques, antibiotiques ou des anti-inflammatoires. De plus, lorsque la cause est de nature mécanique, la thérapeutique est chirurgicale. Le débouchage du canal lacrymal se fait par injection de sérum physiologique sous pression à l'aide d'une seringue.

Les oreilles

Les oreilles sont des organes fragiles, elles doivent être examinées et nettoyées régulièrement, ce qui permettra d'éviter les otites et les infections du conduit auditif.

D'une manière générale, il faut veiller à la propreté minutieuse du conduit auditif. Pour ce faire, évitez les coton-tiges, l'éther, l'alcool, l'eau savonneuse, les désinfectants divers. Utilisez impérativement des produits d'hygiène réservés à l'oreille et conseillés par votre vétérinaire.

LE TOILETTAGE

Le scottish terrier, de par son look, nécessite un toilettage particulier caractérisé par quatre opérations distinctes :
Le grooming ou brossage quotidien
Le stripping ou épilation
L'utilisation de la tondeuse
Le trimming qui est la finition du toilettage

Le grooming ou brossage
C'est la première phase du toilettage, il s'agit d'un brossage quotidien du chien à l'aide d'une brosse à picots de fer montés sur caoutchouc, qui présente l'avantage de ne pas casser le poil.
Pour démêler et retirer les bourres, on peut utiliser une poudre de grooming qui facilitera le travail.
Ensuite, passer le peigne à dents larges qui permet de démêler le poil sans le couper et de défaire les noeuds tout en laissant le sous-poil intact.

Le stripping ou épilation
C'est l'opération consistant à retirer le poil mort pour permettre au nouveau poil de pousser. L'épilation peut se faire à la main ou à l'aide d'un couteau spécialement adapté à cet usage. Le but est d'arracher le poil sans le couper.

L'utilisation de la tondeuse
Seules quelques parties du corps ont besoin d'être tondues : le crâne, les oreilles, les parties antérieures du cou et de la poitrine.

Le trimming
Cela consiste à sculpter le corps du chien pour lui donner l'aspect le plus harmonieux possible.

Conseils concernant le stripping ou épilation
Pour conserver au scottish terrier son aspect si original qui lui confère tant de personnalité, il doit être toiletté régulièrement, tous les 2 mois à 2 mois et demi au moins, afin de lui maintenir

OUTILS NÉCESSAIRES POUR TOILETTER VOTRE SCOTTISH

une brosse à picots souples
un peigne métallique large, un autre à dents plus rapprochées
un couteau à épiler à dents larges
un couteau à épiler à dents fines
des doigtiers en caoutchouc ou de la résine
des ciseaux droits
des ciseaux à désépaissir ou à sculpter
une tondeuse à main ou électrique

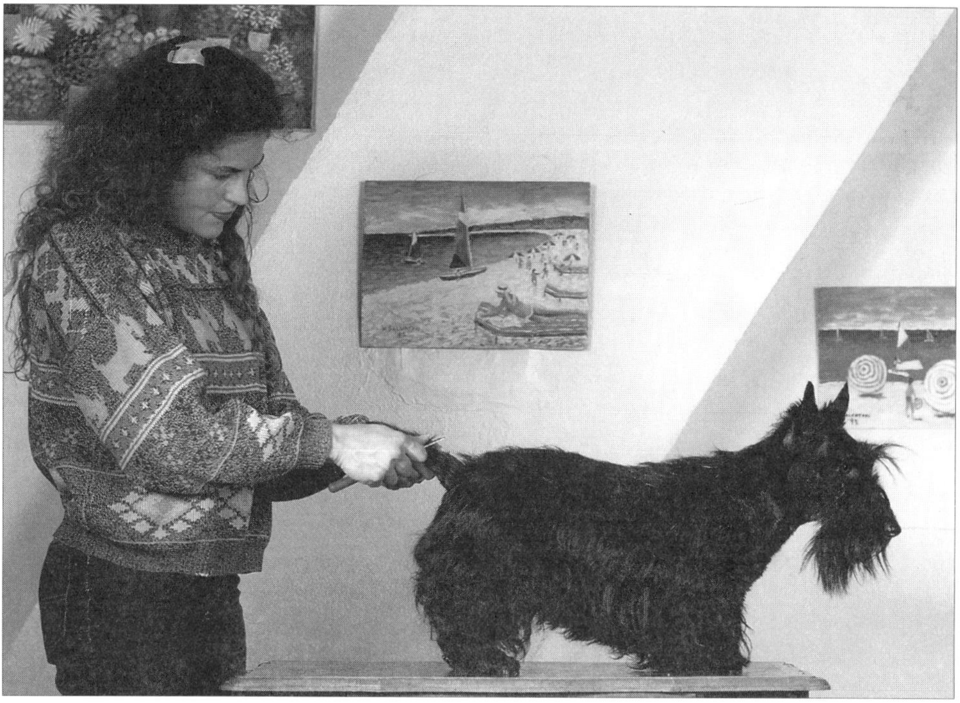

Mme O'Connor, éleveuse de son état, en plein exercice de toilettage.

une bonne qualité de poil de couverture.

Plus l'épilation est faite fréquemment, plus il y a de couches de poils en train de repousser, ce qui confère à l'ensemble du pelage une grande homogénéité et une bonne qualité, conditions recherchées pour les chiens participant aux concours de beauté. Si vous espacez trop les périodes de toilettage, vous risquez de vous retrouvez avec un poil de couverture qui soit mort dans son ensemble et vous perdez, par la même occasion, cet aspect si recherché du scottish. Une mise à plat (ou à nu) complète sera donc nécessaire. Celle-ci ne laissera subsister que le sous-poil, ce qui n'est pas très esthétique et donne au manteau une apparence terne et duveteuse. De plus, cela enlève au scottish sa protection naturelle contre les agressions du froid, du vent et de la pluie.

En conclusion, plus vous épilerez souvent votre chien, plus vous obtiendrez des couches de poils à différents stades de repousse, ce qui donne au manteau du chien une bonne tenue et un aspect régulier et compact. Une épilation régulière permet au jeune poil de se développer correctement. Une mise à plat à l'âge de 5 ou 6 mois conditionne la qualité future de la robe du chien. Toutefois, le premier toilettage du chiot se fait à l'âge de 8 semaines, l'opération consiste uniquement à raser le dessus du crâne, l'extérieur des oreilles, à tailler la queue et à couper les poils entre les coussinets.

Le toilettage : comment procéder ?
Brossez et peignez le chien à fond, enlevez tous les noeuds et la bourre qui se trouvent principalement sous les aisselles, sous le ventre et entre les cuisses afin de commencer le toilettage dans de bonnes conditions. Le brossage a, entre autres, pour but de bien souligner les contours du chien et de déterminer la meilleure façon d'organiser votre toilettage. Celui-ci permet de mettre en valeur ses qualités et parfois de minimiser ses défauts, car un chien parfait n'existe pas.
Si le chien est très en poils, commencez par faire une épilation de dégrossissage ou d'approche, en enlevant les poils morts sur le dos, les fesses, les côtés du cou et, éventuellement, ceux de la jupe et autour des pattes, cela vous permettra d'avoir un meilleur aperçu du travail à exécuter et d'élaborer la bonne technique de toilettage de votre scottish. Pour épiler les poils longs, utilisez le couteau à épiler à dents larges qui accroche le poil sans le couper et, pour les poils courts, afin de faire les raccordements et les dégradés, le couteau à dents fines. La technique consiste à soulever de petites touffes de poils, à les rabattre à contre sens pour bien attraper les extrémités avec le couteau à trimer et les arracher correctement. Vous pouvez aussi vous servir du pouce et de l'index soit enduits de résine en poudre, soit équipés de doigtiers en caoutchouc, achetés en pharmacie, pour arracher le poil plus facilement. La technique manuelle est, de loin, celle que je préfère car elle permet de bien arracher le poil à sa base, ce qui n'est pas à 100% le cas avec le couteau à épiler. D'une manière ou d'une autre, procédez toujours avec méthode et minutie afin de ne pas faire de trous.
Pour l'épilation à la main, je me sers des doigts de la main gauche (étant droitier) pour faire un gabarit, en tenant le poil suivant la longueur désirée, et je tire sur tout ce qui dépasse, cela permet de maîtriser la longueur et la quantité des poils arrachés. Ce procédé plus difficile et plus fastidieux permet d'obtenir de meilleurs résultats, principalement pour les toilettages d'exposition. Peignez souvent pour bien vérifier l'efficacité et la progression du travail.
Pour ces deux techniques, tirez toujours dans le sens du poil, ou dans le sens dans lequel vous voulez qu'il pousse.
Pour apprendre ou parfaire votre technique d'épilation, vous pouvez vous exercer sur l'arrière du dos du chien car, à cet endroit, le poil pousse plus vite et c'est là qu'en général, il doit être le plus court.
Ignorant que les terriers ne muent pas, des personnes non averties sont choquées en voyant que l'on arrache les poils de ces chiens car elles s'imaginent que cela leur fait mal. Qu'elles se rassurent, il n'en est rien sinon les chiens ne se laisseraient pas faire. Il y a cependant des endroits sensibles

correct

Améliorations possibles grâce au toilettage

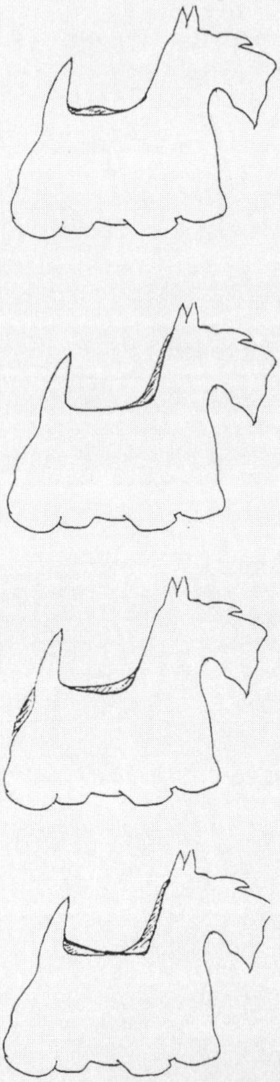

comme les fesses, autour de l'anus, sur la poitrine et les oreilles, c'est d'ailleurs pour cette raison que l'on utilise, pour ces parties, la tondeuse et les ciseaux à désépaissir.

Pour le dos, épilez très court en partant de la queue et en remontant pratiquement jusqu'au garrot et faites attention à ne pas creuser à la base de l'encolure. Épilez en dégradé sur les côtés du dos en ménageant un bel arrondi. Passez ensuite à l'arrière-main que vous épilerez de façon à obtenir des fesses bien rondes. Plus le poil sur les fesses est ras, plus le chien paraît court. Pour parfaire cet endroit, utilisez les ciseaux à désépaissir qui permettent de couper très court sans démarcation. Épilez aussi l'avant, les côtés et, partiellement, l'arrière de la queue, puis taillez-la en forme de carotte, sans trop la dégarnir à sa base. Si la queue est légèrement incurvée vers le dos, laissez un peu plus de poil dans le creux de l'arrondi de celle-ci, elle paraîtra plus droite.

Pour le cou, épilez les côtés plus ou moins courts jusqu'aux épaules, en fonction du gabarit du chien. Puis, en partant du sommet du crâne entre les deux oreilles, épilez la descente du cou pour obtenir une belle descente d'encolure et raccordez-la avec le dos derrière le garrot. Le poil doit être court au sommet du crâne, pour s'allonger au fur et à mesure dans la descente de l'encolure puis atteindre environ 5 à 6 cm au niveau du garrot, et raccourcir à nouveau de façon progressive pour être le plus court possible près de la queue tout en rendant le dos le plus droit et le plus horizontal possible. Passez ensuite à l'épilation des pattes et de la jupe afin d'obtenir des membres où le poil ne vole pas lorsque le chien se déplace, une belle jupe restant bien perpendiculaire au sol. Égalisez les poils autour des antérieurs pour les faire paraître aussi droits que possible vus de devant et de côté; égalisez les poils au niveau des jarrets en arrachant les plus longs, et dégradez l'arrière des postérieurs avec des ciseaux à désépaissir en partant de la dernière articulation. Le poil de la jupe doit être en continuité et doit se confondre avec celui des membres avant et arrière. Laissez beaucoup de poils sous le corps et à l'avant des cuisses. Coiffez bien les pattes, positionnez correctement votre chien puis, avec des ciseaux droits, coupez tout ce qui dépasse de la limite du ras de la table de toilettage. Pour couper les poils à l'intérieur des pattes, il vous suffira de soulever d'abord l'une, puis l'autre. Auparavant vous aurez, bien entendu, coupé les poils entre les coussinets, et égalisé tous ceux qui débordent autour du pied, opération que vous pouvez faire plus aisément si votre chien accepte de rester couché sur le dos.

Le toilettage du bas des membres, surtout de ceux de devant, n'est pas toujours aisé avec un scottish, car il a une sainte horreur de se faire tripoter les extrémités. Une fois cette opération menée à bien, les pattes bien posées sur le sol ne doivent paraître ni dégarnies, ni écrasées. Par la même occasion, profitez-en pour lui couper les ongles,

LE TOILETTAGE DU CHIOT

À l'âge d'environ huit semaines, avec une tondeuse à main ou une tondeuse électrique pas trop bruyante, tondez le crâne du chiot et les oreilles (ce qui allégera celles-ci et permettra au chiot de les dresser plus facilement).

À l'aide de ciseaux crantés, taillez la queue (en lui donnant une forme de carotte), ainsi que les poils de la culotte.

Coupez bien les poils sous les pattes et entre les coussinets pour que le chiot ait une bonne assise au sol et ne glisse pas en marchant. N'oubliez pas de couper les ongles.

Entre trois et quatre mois, on peut commencer à arracher les poils les plus longs mais s'ils ne viennent pas lorsque vous tirez, n'insistez pas.

Entre cinq et six mois, le poil se ternit. À ce moment-là, la robe est prête pour la mise à plat, le stripping, consistant à arracher les poils morts (les plus longs) qui laisseront alors apparaître un sous-poil doux et laineux. Environ un à deux mois plus tard, on commencera à apercevoir le poil dur caractéristique du scottish terrier.

Le toilettage de la tête du scottish représente, à lui seul, tout un art nécessitant un travail minutieux.

car trop longs, ils dévieraient sur le côté et entraveraient la bonne marche du chien. Dès son plus jeune âge, coupez-lui régulièrement les ongles le plus court possible pour empêcher le petit vaisseau (la pulpe) de s'allonger, cela évitera, dans bien des cas, une petite hémorragie.

Pour le toilettage de la tête et de l'avant-main, parties les plus caractéristiques et les plus spectaculaires du scottish, utilisez une tondeuse équipée d'une tête de coupe de 2 mm. Vous tondrez l'avant du cou, partie allant de la base de l'implantation de la barbe sous la mâchoire inférieure jusqu'au bréchet, puis les côtés du cou en partant de la base extérieure des oreilles et en descendant vers les épaules qui seront plus ou moins dégagées en fonction du gabarit du chien.

Avec le couteau à épiler à denture fine, raccordez les poils longs du cou avec ceux tondus de la poitrine, en réalisant un beau dégradé que vous fignolerez avec les ciseaux à désépaissir. À l'aide de la même tête de coupe, tondez les oreilles en conservant à leur base une touffe ou frange. Taillez cette dernière aux ciseaux de façon à mettre en valeur le port d'oreilles mais en veillant, toutefois, à ne pas faire paraître celles-ci trop larges. Coupez les bords des oreilles avec des ciseaux afin qu'elles soient bien droites et pointues. Pour raccourcir les poils de l'intérieur des oreilles, pliez celles-ci en deux, bien symétriquement, et égalisez tous les poils qui dépassent.

Lors de l'épilation du sommet du cou et de la tête, il vous faut juger de la quantité de poils à laisser afin de faire paraître les oreilles plus petites et l'encolure plus longue. Personnellement, je n'épile pas le côté des joues car cela est désagréable pour le chien; par contre, je taille les poils pour obtenir un dégradé harmonieux entre les poils longs de la barbe et les poils tondus des joues et afin de réaliser une tête bien rectangulaire.

Tondez le dessus de la tête en vous arrêtant au niveau de l'implantation des oreilles. Puis, dégagez les poils entre les yeux (épargnez les cils que vous taillerez avec des ciseaux droits), en partant de l'extérieur et en allant vers la base, pour finir progressivement en pointe vers le museau.

Reportez-vous aux planches de croquis, pour les corrections et améliorations à apporter au toilettage de votre scottish, afin de le mettre en valeur.

En règle générale, toutes les parties tondues et épilées sont raccordées entre elles sans créer de démarcations. Épilez toujours au maximum avant d'utiliser les ciseaux à désépaissir pour raccorder les parties où le poil est court et celles où il est long. Travaillez toujours bien symétriquement.

Pour les chiens participant aux concours de beauté, il est recommandé d'appliquer la technique de trimming appelée «rolling». Celle-ci consiste à retirer très peu de poils à la fois, chaque semaine et ce, de manière uniforme, sur toute la surface du corps. Cela permet au «candidat» de conserver un manteau impeccable ainsi qu'une bonne qualité de poil pendant toute la durée de la saison des expositions.

La qualité du poil du scottish dépend de facteurs héréditaires. Un bon poil doit être entretenu régulièrement et un poil moins bon peut s'améliorer grâce à des soins constants.

Le dos d'un scottish ne doit, en aucun cas, être tondu : c'est un motif d'ajournement lors de la confirmation. Le poil est le reflet de la santé du chien.

Pour conclure, il faut reconnaître qu'un toilettage parfait nécessite beaucoup de temps et des compétences.

L'alimentation du scottish terrier

Au même titre qu'une bonne hygiène, une alimentation saine et équilibrée peut prévenir un certain nombre d'affections comme les maladies de la peau, l'eczéma, l'obésité, le rachitisme etc.

L'ALIMENTATION DU CHIOT

La première année du chiot est déterminante pour son avenir. Les erreurs commises au cours de la croissance risquent d'entraîner de lourdes conséquences : chien mal développé, trop étroit, problèmes d'aplombs, de dentition, etc.
C'est pour cette raison que l'éleveur doit insister, auprès de tout acquéreur d'un chiot, sur l'importance de l'alimentation.
La croissance du chiot est très rapide pendant les premières semaines de vie. La phase critique de croissance maximale a lieu pendant l'allaitement. Il est donc fondamental que la mère soit également très bien nourrie.
Tout commence au cours de la gestation de la lice et, principalement, lors de la période qui s'étend de la 6ème à la 8ème semaine. Pendant ces deux semaines, il faut augmenter la quantité et surtout la qualité de l'alimentation qui doivent être adaptées aux besoins de la chienne gestante, car 75% du poids des chiots est acquis en l'espace de ces 15 jours.
Toutefois, donnez des rations équilibrées car les excès sont aussi nuisibles que les carences et, surtout, fractionnez les repas.
Après la mise-bas, il faut que la mère ait du lait en quantité suffisante pour pouvoir apporter au chiot tous les éléments dont il a besoin.
Entre la 3ème et la 4ème semaine, vous passerez au sevrage des chiots qu'il est souhaitable de réaliser graduellement pour que les enzymes de la digestion se mettent en place sans provoquer des troubles gastriques et intestinaux.
Commencez par un repas quotidien autre que du lait : il y a deux possibilités, soit donner une alimentation traditionnelle, soit, c'est la solution que je préfère, utiliser l'alimentation industrielle, qui est équilibrée en protéines, en oligo-éléments et en vitamines adaptées à l'âge du chiot. Au bout de la 4ème semaine, passez à deux repas journaliers en alternance avec les tétées et, au bout de la 5ème semaine, appliquez la même formule mais, cette fois-ci avec trois repas. Puis, à partir de la 6ème semaine, donnez-lui une ration constituée de croquettes entières (pour ma part, au début, je passe les

Le régime de la chienne allaitante doit faire l'objet du plus grand soin du propriétaire car il conditionne la croissance des chiots et la santé de la mère.

croquettes au mixer et, par la suite, j'augmente progressivement la grosseur des morceaux) qui marquera le sevrage définitif du chiot. L'allaitement maternel sera donc interrompu à la 6ème semaine, surtout dans le souci de ne pas épuiser la chienne.

À partir de ce moment, les chiots seront indépendants et vous pourrez passer à 4, voire 5 repas par jour.

Si vous avez opté pour une alimentation industrielle, aucun supplément sous forme de vitamines, calcium ou sels minéraux ne sera nécessaire. À l'âge de 4 mois, passez à 3 repas par jour, puis lorsque le chiot atteint 7 mois, à 2 repas par jour jusqu'à un an. Pour les quantités, fiez-vous aux indications fournies par le fabricant. Les chiots doivent recevoir une alimentation spécifique en quantité adéquate, de façon à assurer l'apport calorique nécessaire et à éviter une surcharge pondérale. À partir d'un an, adaptez la nourriture du chien en fonction de ses besoins et de ses activités. Si vous avez opté pour une alimentation traditionnelle, n'omettez surtout pas d'y adjoindre tous les «compléments» nécessaires, adaptés à l'âge et au poids de l'animal, et soyez vigilants à ce qu'elle ne présente pas de carences. Ce mode d'alimentation requiert une certaine compétence afin que soient respectées les règles d'un bon rationnement qualitatif et quantitatif.

COMPOSITION DE LA RATION DU CHIEN

Dans le cadre d'une alimentation traditionnelle, les protides ou protéines doivent constituer la base essentielle de l'alimentation du chien et ce, sous forme de viandes de bonne qualité. Le poisson, les oeufs, les produits laitiers - pour les chiots - et les protéines végétales comme le soja entrent aussi dans cette catégorie.
Les lipides ou graisses végétales comme l'huile de tournesol ou de maïs, sont indispensables pour leur apport énergétique important.
Les glucides ou sucres se trouvent dans l'amidon, contenu dans les féculents : pâtes, riz... L'amidon doit être bien cuit pour être bien assimilé dans l'organisme. N'en donner qu'en petites quantités.
Les vitamines sont indispensables, leur absence comme leur excès peuvent provoquer des maladies sérieuses. Les vitamines les plus connues sont : A, B1, B5, B6, B12, C, E, K, PP.
Les minéraux sont nécessaires à l'organisme pour son édification et l'assimilation des aliments. Ils regroupent : le calcium, le phosphore, le magnésium, le potassin, le soufre, ainsi que les oligo-éléments : fer cuivre, zinc, iode, manganèse.
L'alimentation du chien peut varier suivant les diverses circonstances de

Sveltesse est synonyme de joie de vivre et de longévité chez le scottish !

son existence comme :
- La gestation et la lactation.
- Le sevrage (à l'âge de 3 à 10 semaines).
- La croissance (à l'âge de 3 à 12 mois).
- L'âge adulte avec une activité normale, ou une forte activité.
- Le chien âgé.
- Le chien malade.

Bien que beaucoup de gens le croient, hormis les circonstances particulières énoncées ci-dessus, le chien n'a pas besoin d'un régime varié. Une formule constante et adaptée à chaque stade physiologique sera une garantie de stabilité, et n'entraînera aucune lassitude, à condition de l'habituer suffisamment tôt. Par contre, le chien qui mange comme son maître ou dont on satisfait tous les caprices subit une mauvaise alimentation qui le conduit infailliblement à un déséquilibre. Souvent, un excès de viandes, de graisses, ou de féculents provoque des rougeurs de la peau, des gratouilles qui disparaissent lorsque le régime alimentaire est corrigé.

L'heure du repas a une grande importance pour le bon équilibre du chien. Il faut impérativement lui donner à manger à une heure fixe, le matin ou le soir, voire le matin et le soir, pour son confort et pour lui éviter des troubles digestifs. Laissez toujours à sa disposition de l'eau à volonté.

LES DIFFÉRENTES FORMES D'ALIMENTATION INDUSTRIELLE

1. Les aliments secs sont conditionnés en sac étanche sur lequel figure une date limite de consommation.

a) Il y a les croquettes qui sont à distribuer telles quelles à votre chien.
N'oubliez pas de laisser toujours de l'eau fraîche à proximité.
b) Il existe également des soupes qui sont à réhydrater préalablement à l'eau froide (au moins 15 minutes avant leur utilisation), afin d'éviter les ballonnements dus aux gaz dégagés lors de l'absorption de l'eau.
2. Les aliments humides conditionnés en boîtes de conserve (à utiliser rapidement après ouverture).

Si votre scottish est du genre goulu, ne cédez pas à tous ses caprices de gourmand et, dans son intérêt, imposez-lui un régime équilibré.

Les papiers *du scottish terrier*

L'ATTESTATION DE VENTE

Le contrat signé par le vendeur et l'acheteur doit mentionner :
- La date de vente
- L'identité du chien
- Son prix de vente
- L'adresse du vétérinaire choisi par les parties en cas de litige

Elle précise l'inscription provisoire ou définitive du chiot au Livre des Origines Français (LOF).

LA CARTE DE TATOUAGE

Depuis 1992, tout chien faisant l'objet d'une transaction, vente ou don, doit obligatoirement être tatoué.
La carte d'identification par tatouage doit vous être remise, au moment de l'achat du chiot, par l'éleveur qui déclare à la S.C.C le changement de propriétaire, cette dernière retournant au nouveau propriétaire une nouvelle carte à ses nom et adresse.
Cette carte constitue pour le chien son identité physique officielle, et pour le maître, la justification qu'il en est propriétaire. Ces données, enregistrées au fichier central de la SCC, sont accessibles à tout moment en cas de perte de l'animal. Le numéro du tatouage figurant sur la carte, composé de trois lettres et trois chiffres, devra naturellement correspondre avec celui inscrit sur la face interne de la cuisse droite ou de l'oreille droite du chien.
Le tatouage sera effectué par un vétérinaire ou un tatoueur agréé par le ministère de l'Agriculture.

LE CERTIFICAT DE NAISSANCE (PEDIGREE PROVISOIRE)

Le vendeur ayant inscrit provisoirement le chiot au Livre des Origines Français recevra de la part de la S.C.C, le certificat de naissance qu'il devra transmettre à l'acheteur.
Ce document certifie l'origine du chiot : on y trouve sa généalogie sur trois générations.

LE PEDIGREE

Le pedigree remplace le certificat de naissance, dès lors que le scottish âgé d'au moins douze mois a passé avec succès l'examen de confirmation.
Il prouve que votre chien a été reconnu par un expert de la société centrale

canine comme apte à contribuer au développement et à l'amélioration de la race.
La S.C.C. attestera que le titulaire est un chien de race définitivement inscrit au L.O.F.

L'EXAMEN DE CONFIRMATION

Lors de l'acquisition de votre chiot, celui-ci devra être obligatoirement inscrit au L.O.F (livre des origines

LA GARANTIE LÉGALE DES VICES RÉDHIBITOIRES

La reconnaissance d'un vice rédhibitoire a pour conséquence d'entraîner la nullité automatique de la vente. La liste de ces vices est donnée par les articles 284 et 285 du Code Rural :
- la maladie de Carré;
- l'hépatite contagieuse (maladie de Rubarth);
- la parvovirose canine;
- l'ectopie testiculaire (pour les animaux âgés de plus de six mois);
- et suivant les races, l'atrophie rétinienne et la dysplasie coxo-fémorale.

français), mais il ne le sera qu'à titre provisoire. À partir de l'âge de 12 mois, vous pourrez faire confirmer votre chien, ce qui lui permettra d'acquérir un pedigree (définitif) et le droit de procréer. La confirmation peut avoir lieu lors d'une réunion de club, ou lors d'une exposition canine organisée dans votre région. Pour faire passer l'examen de confirmation à votre chien, il vous faudra fournir les papiers suivants :
1 - Le certificat de naissance
2 - La carte de tatouage
3 - Le formulaire de confirmation correctement rédigé et signé.

Si le chien, est reconnu «apte» par l'expert confirmateur, envoyez à la S.C.C le certificat de naissance, le formulaire de confirmation et la photocopie de la carte de tatouage.

La Société Centrale Canine vous délivrera le pedigree définitif.

Le juge a le droit d'ajourner un chien, celui-ci devra être présenté à nouveau à une date fixe. Il peut également refuser un sujet en donnant les raisons qui seront écrites au dos du certificat de naissance. L'inscription au LOF est réglementée par le décret n°74-195 du 26 février 1974 et peut s'effectuer selon 4 modalités :

1 - Au titre de la descendance, quand il s'agit de chiots issus de parents déjà inscrits définitivement eux-mêmes.

2 - À titre initial, quand le livre généalogique de la race est dit «ouvert» pour les chiens adultes dont on connaît l'origine et qui, à l'examen de confirmation, ont été reconnus conformes au standard, et capables de contribuer à l'amélioration de la race.

3 - Au «livre» d'attente, quand le livre généalogique est dit «fermé» pour la race en question.

Après 3 générations successives de chiens enregistrées sur le livre d'attente, les descendants entrent au LOF.

4 -À titre de l'importation, pour les chiens étrangers déjà inscrits à un livre reconnu par la S.C.C, et estimés aptes par un expert confirmateur.

Troisième partie

Pour aller plus loin avec votre scottish terrier

Le club du scottish terrier

Le Club des Amateurs des Terriers d'Écosse a été créé en 1937, sous la présidence de Mme de Perseval. Il a été enregistré à la préfecture de police le 13 Avril 1937 et uniquement en 1975 au ministère de l'Agriculture. Il est régit par la loi de 1901 et est affilié à la Société Centrale Canine.

Le Club des Amateurs des Terriers d'Ecosse est géré par un comité de 12 à 15 membres élus par l'assemblée générale (au scrutin secret) pour une durée de six ans renouvelable par tiers tous les 3 ans. Il est composé de :

- 1 président
- 3 vice-présidents
- 1 secrétaire général
- 1 trésorier
- etc...

Le président actuel est Mr Deschamps, La Harboudière, 27160 Condé sur iton, Tél : 32 29 81 93.

L'association des Terriers d'Ecosse (A T E) a pour but d'améliorer les races suivantes : cairn, dandie dinmont, scottish, skye et West Highland white terrier, ainsi que d'encourager l'élevage et de contribuer à leur promotion.

Différentes activités lui sont reconnues :

- La Nationale d'Elevage : tous les ans, le club organise la nationale d'élevage qui se tient depuis quelques années à Alençon. Un C A C S de championnat y est décerné.
- Le Test d'Aptitudes Naturelles (TAN). Ces épreuves sont organisées par le club, elles ont pour but de mettre en évidence la sociabilité, la maniabilité, l'émotivité ainsi que l'instinct de chasseur du chien. Un excellent au T A N est exigé pour l'obtention du titre de Champion de Conformité au Standard.
- Les Délégations : des journées sont organisées par les délégués régionaux avec l'accord des sociétés canines régionales et du président de l'A.T.E. Grâce à ces réunions, dans lesquelles se rencontrent les amateurs de la race, vous pouvez recueillir une foule d'informations sur le toilettage, les épreuves de T A N, les séances de confirmations...

Le club édite aussi un bulletin qui paraît 3 fois dans l'année.

Il renseigne les adhérents sur tout ce qui concerne le club :

- Les comptes rendus des réunions du comité;
- Les informations, les anecdotes sur les races des terriers d'Écosse;
- Des conseils d'élevage et des conseils vétérinaire;
- Les résultats d'expositions;
- La cotation des géniteurs.

Les géniteurs reçoivent un certain nombre de points par leurs résultats personnels en exposition, allant de 1 à 4 et pouvant aller jusqu'à 5, voire 6, par démonstration de la qualité de leur descendance. Pour tout renseignement, adressez-vous à Mme Françoise Vilain qui, avec sa gentillesse habituelle, vous donnera toutes les informations nécessaires, N° de tél : 33. 29.29.29.

Une pensée toute particulière pour Renée Orion, vice présidente du club des A T E, qui était une grande passionnée de chiens et, entre autres, de scottish terriers, race qu'elle a élevée pendant de nombreuses années.

Renée nous a quitté accidentellement, alors qu'elle revenait d'une réunion du comité de l'A T E. C'était une grande dame de la cynophilie.

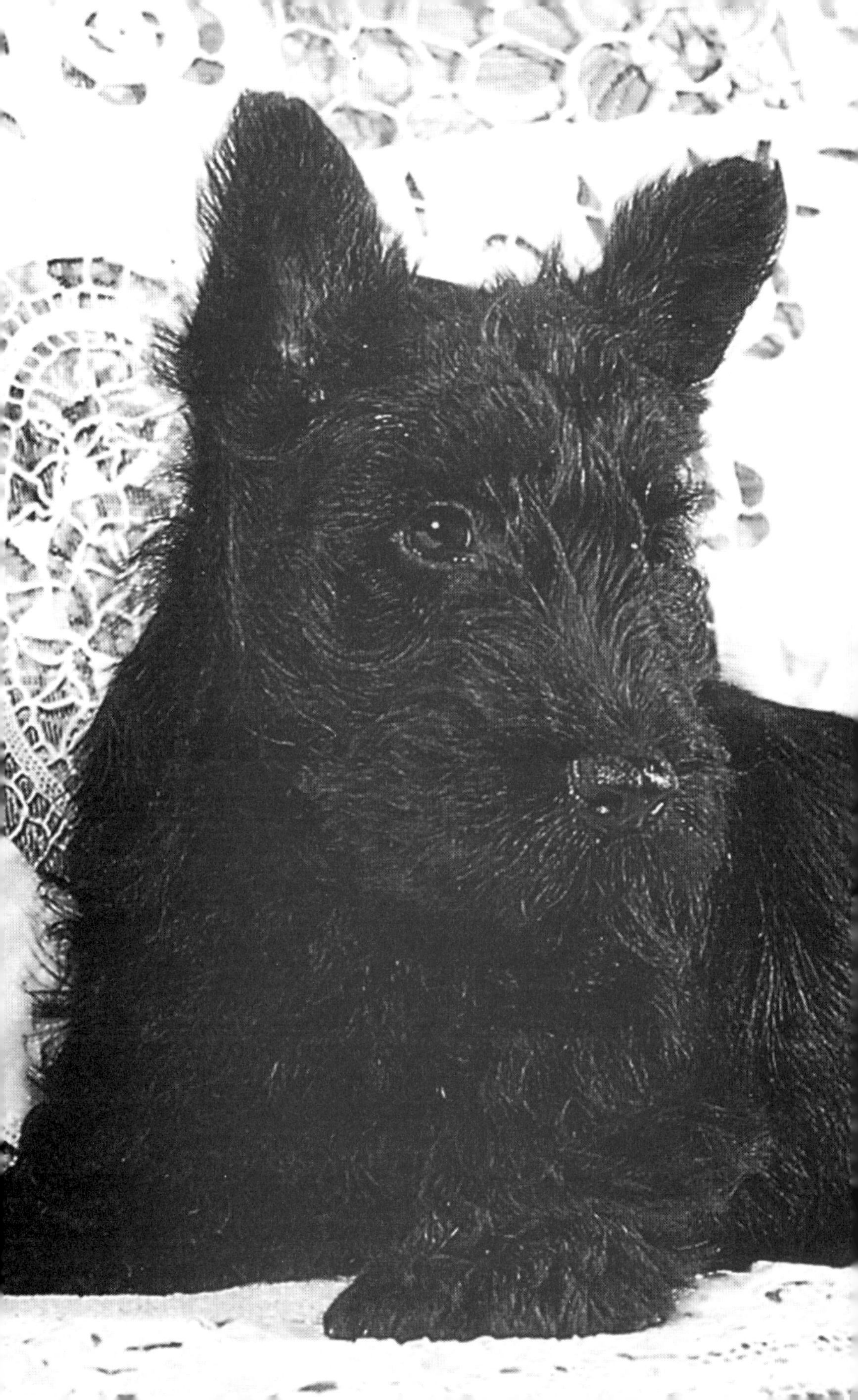

Les **expositions** *et le scottish terrier*

Les expositions canines sont des manifestations qui servent à l'amélioration, au maintien et à la sauvegarde des qualités des chiens de race. Il est impensable d'élever des scottish (par exemple) sans pouvoir les comparer à ceux d'autres éleveurs car, dénué d'éléments de comparaison, on risque de plonger dans une certaine routine et, de ce fait, de perdre de vue les qualités recherchées chez les spécimens de la race. Grâce aux expositions, on peut acquérir des connaissances et des expériences enrichissantes, apprendre à mieux connaître le chien et rencontrer d'autres passionnés. L'exposition de beauté est une manifestation où le chien de race passe l'examen de confirmation, et où l'éleveur concourt pour obtenir les bons résultats qui feront le renom de son élevage.

Les novices, avant de participer à une première exposition, doivent acquérir quelques enseignements pour ne pas avoir l'impression de totalement évoluer en «pays étranger».

DEVENIR EXPOSANT

Il est conseillé au débutant de se rendre la première fois à une exposition uniquement en tant que spectateur et en se faisant accompagner d'une personne initiée afin de se familiariser avec le milieu et d'apprendre les us et les coutumes du parfait exposant.

En attendant de participer réellement à une exposition, entraînez votre chien à se laisser manipuler car ce sera la condition indispensable pour que le juge puisse se rendre compte de sa morphologie, vérifie l'état de ses mâchoires, contrôle son tatouage.... Un chien agressif peut être disqualifié.

Initiez-le également à la marche en laisse (au côté gauche de son maître) et apprenez-lui à se présenter à son avantage.

Les deux phases de la présentation d'un chien en exposition sont :

- La présentation en statique : c'est la posture du chien au repos mais «en éveil», comme s'il observait une situation précise ou un autre animal. Elle doit paraître la plus naturelle possible, le chien devant pouvoir garder la pose suffisamment longtemps.

Apprenez-lui à relever la tête et à bien se camper sur ses quatre pattes. Lors de l'examen en statique, le juge contrôle les aplombs, les angulations, l'équilibre des différentes parties du corps, la ligne de dos, la longueur et la largeur des reins..etc, ainsi que la forme du crâne, ses proportions, la conformation des mâchoires, la forme et la couleur de ses yeux, la ligne de son encolure, l'implantation de la queue, la qualité du poil...

- En dynamique : cette présentation en action permet de juger les «allures» et d'apprécier l'amplitude du mouvement. La démarche du chien est liée à sa conformation.

Faites marcher le chien en ligne ou en rond (tournez dans le sens inverse des aiguilles d'une montre). Tenez toujours la cordelette de présentation dans la main gauche et suivez strictement les instructions du juge.

Pour débuter, il est préférable de commencer par une petite exposition où la concurrence et l'activité sont moindres, vous trouverez dans la presse canine ou auprès de votre société canine régionale, tous les renseignements concernant les expositions à venir, leur lieu, et leur date de déroulement.

Pour vous procurer la feuille d'engagement, adressez-vous à la société canine régionale qui en est l'organisatrice.

Les feuilles d'engagement, ainsi que les frais, doivent être expédiés, au plus tard, 1 mois avant une exposition à C.A.C.S, et 6 semaines avant une exposition internationale à C A C I B.

Par retour de courrier, la société canine organisatrice vous fera parvenir votre carte d'exposant.

Sur les formulaires d'engagement, vous trouverez tous les renseignements : l'heure et la date d'ouverture, ainsi que le règlement.

Lorsque, enfin, le jour tant attendu est arrivé, prévoyez que vous et votre chien passerez tout la journée dans les lieux (la sortie n'est autorisée qu'à partir de 17h30).

Equipez-vous du tapis préféré de votre chien, de sa gamelle d'eau, d'un siège pliant, de quoi vous alimenter et n'oubliez pas votre matériel ainsi que votre table de toilettage.

L'entrée dans l'enceinte de l'exposition se fait, en général, dans une joyeuse pagaille car nombreux sont les exposants accompagnés de leurs chiens et affublés de leur matériel d'équipement.

Une fois l'entrée franchie, après la file d'attente, un deuxième obstacle vous attend : le contrôle vétérinaire. Là, vous devez présenter le carnet de santé de votre chien, son certificat antirabique, et le tatouage ainsi que l'état sanitaire de votre animal sont soumis à une vérification.

Puis, vous patienterez dans une troisième file d'attente, devant le secrétariat, pour retirer le catalogue de l'exposition que vous consulterez aussitôt afin de bien repérer la concurrence.

Enfin, vous parvenez à l'emplacement des cages réservées aux scottish, vous y trouvez votre numéro de participant, et aux alentours, vous visionnez tous vos «adversaires» qui vous dévisagent d'un air curieux : vous êtes le petit nouveau !

Ceux-ci, le plus discrètement possible, viendront jeter un oeil sur le chien «ennemi».

Une fois installé, il ne vous reste plus

LES CLASSES D'ENGAGEMENT

Classe débutants : réservée aux chiens âgés de 9 à 12 mois. Elle ne donne pas droit à l'attribution de qualificatifs, à un classement ou à une remise de coupe, mais uniquement à une appréciation (par ordre décroissant de valeur) : très prometteur, prometteur, assez prometteur.
Classe jeunes : réservée aux chiens âgés de 12 à 18 mois. Elle donne droit à l'attribution de qualificatifs mais pas à celle de CACS (certificat d'aptitude au championnat de conformité au standard) ou de CACIB (certificat d'aptitude au championnat international de beauté).
Classe ouverte : en exposition nationale, cette classe donne droit à l'attribution de CACS, et elle est accessible à tous les chiens âgés de douze mois et plus. En exposition internationale, elle permet d'accéder au CACIB (certificat d'aptitude au championnat international de beauté), à condition que le chien soit, au moins, âgé de 15 mois au jour de l'ouverture de l'exposition.
Classe travail : pour les chiens âgés de 15 mois, elle donne droit à l'attribution du C A C I T.
Classe champion de beauté : réservée exclusivement aux chiens déclarés champion de beauté national d'un pays membre de la fédération cynologique internationale (FCI) et âgé d'au moins quinze mois. Les chiens de cette classe ne concourent pas pour le CACS, mais pour le CACIB en concurrence avec les classe ouverte et de travail.
Lot d'élevage : pour cinq chiens de même race, inscrits au LOF (Livre des origines français), sans distinction de sexe, engagés dans une classe individuelle, et nés chez le même éleveur (mais pouvant appartenir à des propriétaires différents).

qu'à repérer le ring pour ne pas avoir à le chercher au dernier moment, ce qui vous déstabiliserait ainsi que votre chien.
L'attente pour les jugements est souvent longue, car de nombreuses races sont attribuées au même juge, cela vous laisse tout le temps de bien préparer votre chien et de «loucher» sur la concurrence. Ainsi, vous pouvez parfaire votre technique de toilettage, corriger certaines imperfections et, par la même occasion, évaluer vos chances par rapport aux autres concurrents.
Soyez calme et détendu, faute de quoi votre scottish le sentira et deviendra aussi crispé que vous.
Enfin le commissaire de ring vient vous prévenir de l'imminence de votre entrée. Vite encore un dernier coup de brosse, et vous voici tout excité, prêt à vous introduire dans l'arène.
Dans le ring, regardez bien les numéros de vos concurrents et placez-vous en

respectant l'ordre établi. Une fois tous les concurrents en place, le juge examine en détails tous les chiens, tandis que les propriétaires s'activent pour les présenter dans leur meilleure condition, un dernier petit coup de brosse par ci, un autre par là, la tête bien dressée et la queue bien droite, dans une attitude les mettant à leur avantage.
Sur les ordres du juge planté au milieu du ring, commence alors un curieux manège : à la «queue leu leu», tout ce petit monde se met à marcher en rond, les chiens au côté gauche de leur maître. Il n'est pas question de flâner, il faut suivre le rythme et le chien doit avoir la tête bien dressée, l'allure fière et altière.
Après un tour ou deux, tout le monde s'arrête. Puis le juge appelle le premier candidat pour passer sur la table afin de satisfaire à l'examen morphologique. Le chien doit se laisser manipuler sans bouger, afin d'être détaillé sous tous les angles. Au fur et à mesure, les commentaires sont dictés au secrétaire qui les inscrits sur un «slip» de jugement.
Ces contrôles terminés, le juge fait marcher le chien en «triangle», puis ordonne un aller et retour pour vérifier sa marche et son attitude en mouvement. Tous les chiens sont examinés de la même façon.
Ensuite, le juge sélectionne les 3 ou 4 meilleurs éléments du lot qu'il fait marcher et remarcher alternativement, les uns après les autres, afin de les départager.
Après une dernière comparaison, arrive le moment du classement final et de la distribution des cartons, qui donne suite à une explosion de joie pour le vainqueur et à des grimaces de déception pour les autres car, malheureusement, il n'y a qu'un seul gagnant.
Les jugements de la race terminés, le meilleur mâle, puis la meilleure femelle sont désignés parmi les gagnants des différentes classes et le vainqueur est déclaré «meilleur de sa race». Il a le privilège de se présenter dans le «ring d'honneur» où est décerné le titre de meilleur de groupe et où, en final, les dix meilleurs sujets de l'exposition concourent pour devenir le vainqueur de l'exposition, soit the best in show.
Comme vous pouvez le constater, une exposition n'est pas qu'une partie de plaisir, il faut vraiment être passionné pour sacrifier des journées entières à faire concourir son chien.

LES DIFFÉRENTES EXPOSITIONS

Un chien peut commencer à participer à des expositions dès l'âge de 9 mois. Bien sûr, il est indispensable que votre scottish possède un pedigree pour participer à une exposition.
Les expositions nationales mettent en compétition les CACS (certificat d'aptitude au championnat de conformité au standard) et permettent l'attribution de qualificatifs. Ces expositions se déroulent en une journée.
L'exposition internationale est la manifestation considérée comme la plus prestigieuse, au cours de laquelle est décerné le CACIB (certificat d'aptitude au championnat international de beauté), ainsi que la réserve. Les expositions internationales dépendent

d'un calendrier et de modalités fixées par la F.C.I (fédération cynologique internationale). Chaque pays membre de la F.C.I organise, chaque année, un certain nombre d'expositions internationales.

Pour obtenir le titre de champion international, votre chien doit avoir gagné 4 CACIB avec 1 an et 1 jour d'intervalle minimum entre le 1er et le 4ème, et cela dans 3 pays différents, sous 3 juges différents, un des CACIB devant être obtenu dans le pays d'origine. En principe, on opte pour 2 CACIB en France et 2 autres dans 2 pays voisins.

En ce qui concerne le titre de champion International de travail, dans la classe travail le chien doit obtenir 2 CACIT sous 2 juges différents, dans 2 pays différents, ainsi que le qualificatif Très Bon en exposition.

Le Titre de Champion de France est décerné, pour les deux sexes, deux fois par an dans 2 expositions différentes :

1) Lors de l'exposition de Longchamp qui est le championnat considéré comme le plus important en France. C'est une exposition internationale.

2) Lors de la Nationale d'Elevage des terriers d'Ecosse.

Depuis un certain nombre d'années, elle a lieu à Alençon.

C'est une grande fête des races que constituent les terriers d'Ecosse, et

LES QUALIFICATIFS

Le carton rouge correspond au qualificatif **excellent** qui ne doit être attribué qu'à un chien se rapprochant de très près du standard idéal de la race (présenté en parfaite condition), réalisant un ensemble harmonieux et équilibré et ayant de la «classe», ainsi qu'une brillante allure. La supériorité de ses qualités devra dominer ses petites imperfections tout en conservant les caractéristiques de son sexe.

Le carton bleu correspond au qualificatif **très bon** qui ne sera attribué qu'à un chien parfaitement typé, équilibré dans ses proportions (présenté en bonne condition physique). Il lui sera toléré quelques défauts véniels mais non morphologiques. Ce qualificatif ne peut récompenser qu'un chien de qualité.

Le carton vert correspond au qualificatif **bon** qui doit être attribué à un chien possédant les caractéristiques de la race mais accusant des défauts, à condition que ceux-ci ne soient pas rédhibitoires.

Le carton jaune correspond au qualificatif **assez bon** qui est à attribuer à un chien suffisamment typé, sans qualités notoires ou pas en condition physique.

Le qualificatif **Insuffisant** n'est plus attribué que pour le motif de non confirmation. Par exemple, un grand scottish terrier, parfaitement typé et méritant le qualificatif général excellent, mais d'une taille trop élevée, donc non confirmable, peut se voir attribuer ce qualificatif.

LES GROUPES

L'usage veut que l'on classe les chiens en 10 groupes. Au départ, ils étaient classés selon leur utilisation puis suivant une orientation plus spécifique. Une nouvelle nomenclature fut proposée en 1987, elle sera adaptée et appliquée en janvier 1988, mais uniquement pour les pays qui adhèrent à la F C I.
En voici la liste :

1er groupe : les chiens de berger et de bouvier.
2ème groupe : les chiens de type molossoïde et le pinscher, le schnauzer, le shar pei, les bouviers Suisse...
3ème groupe : les terriers.
4ème groupe : les teckels.
5ème groupe : les chiens de type spitz, les primitifs et les nordiques.
6ème groupe : les chiens de chasse (chiens courants, chiens de recherche au sang).
7ème groupe : tous les chiens d'arrêt.
8ème groupe : les chiens leveurs de gibier, les rapporteurs et les chiens d'eau.
9ème groupe : les chiens d'agrément ou de compagnie.
10ème groupe : les lévriers.

certains considèrent cette exposition plus importante que celle de Longchamp.
Pour devenir champion de France, il faut impérativement obtenir trois CACS précis sous trois juges différents : un CACS au Championnat de France ou à la Nationale d'élevage; un CACS dans une «spéciale terrier»; un CACS dans une exposition internationale. De plus, il faut remporter un minimum de 80 points au TAN (excellent).
On dispose d'un maximum de deux ans après l'obtention du CACS au championnat de France ou de la Nationale d'élevage pour décrocher les deux autres CACS.
La demande d'homologation du titre de Champion de France doit être effectuée dans un délai de 6 mois après l'obtention du dernier CACS.
Pour remporter le titre de champion de travail (pour les fox-terriers, les terriers divers et les terriers d'Écosse), il faut :
- 3 CACT sous 3 juges différents.
- qualificatif Très Bon en exposition.
Être sacré champion du Monde représente l'ultime consécration mais ce titre n'est pas reconnu officiellement, on parlera plutôt de «Vainqueur de la Mondiale».
Pour cela, il faut remporter le CACIB lors de l'exposition mondiale qui a lieu chaque année dans un pays différent. Concourent pour ce titre, les classes ouvertes et les classes champions.

L'élevage du scottish terrier

QUELQUES CONSEILS

Si vous avez obtenu de bons résultats en concours, si votre chienne est bien conforme au standard, quoi de plus naturel que de vouloir la faire reproduire.
Mais attention être propriétaire ne veut pas dire être éleveur. Le métier n'est pas accessible à tous du jour au lendemain. Maintenant si vous désirez vraiment être éleveur, sachez qu'un bon éleveur n'est pas celui qui recherche le profit, mais celui qui désire, avant tout, obtenir le chien le plus proche possible du standard.
Pour réussir il vous faudra beaucoup de patience, de persévérance et de temps. Ce travail, en apparence simple, s'avère en réalité long et difficile et demande un plan d'organisation bien élaboré.
Pour opérer une bonne sélection, une connaissance parfaite des géniteurs est nécessaire, aussi étudiez minutieusement leurs pedigrees, leurs qualités et leurs défauts.

L'ACCOUPLEMENT

Les femelles incarnent les piliers d'un élevage. En effet, une très belle femelle est difficile à acquérir tandis que de beaux étalons sont facilement accessibles : il suffit de payer le prix d'une saillie. Le choix de la femelle est prédominant pour la reproduction, il faut qu'elle ait un bon pedigree, un excellent caractère, qu'elle soit bien typée, en somme bien conforme au standard.
Si vous démarrez un élevage avec des femelles de mauvaises lignées, vous mettrez des générations avant de vous en sortir, même si vous les accouplez avec des grands champions.
Il vous faut fonder une bonne lignée. Une lignée est une famille de chiens émanant d'un seul élevage, qui possède des caractéristiques communes et un type bien défini. Une lignée de bonne qualité s'obtient en sélectionnant judicieusement les femelles. Essayez d'obtenir une femelle provenant d'un élevage réputé, afin de vous procurer un sujet bien conforme au standard.
Il est extrêmement important que la lice possède les caractéristiques principales de la race. Ces qualités sont :
Une tête proche de l'idéal; une pigmentation parfaite; une angulation irréprochable; un caractère parfait.
En ce qui concerne le choix du mâle, n'hésitez pas à vous déplacer pour trouver le bon sujet, celui qui

L'élevage de sujets froment reste confidentiel. Le scottish est noir avant tout !

s'accordera au mieux avec le type de votre femelle.

Évitez les accouplements improvisés et les solutions de facilité, n'oubliez jamais que le meilleur étalon ne pourra jamais donner que 50% de son patrimoine génétique.

Avant de faire reproduire, assurez-vous que votre femelle est en bonne santé et en parfaite condition physique. Elle ne doit être ni trop maigre, ni trop grosse. Vérifiez que ses vaccins sont à jour. Vermifugez-la bien : plusieurs fois avant la saillie et lors de la gestation. Il est conseillé d'attendre ses 2èmes ou 3èmes chaleurs avant de la faire saillir. Les premières chaleurs apparaissent vers l'âge de huit mois et interviennent deux fois par an, à peu près tous les six mois, mais elles peuvent aussi se produire tous les huit mois, voire une seule fois par an. Chez la femelle en chaleur, on peut remarquer le gonflement de la zone génitale. À ce moment là, la femelle attire le mâle, mais le refuse catégoriquement.

Après quelques jours, les manifestations de la menstruation s'atténuent puis cessent en un peu moins d'une semaine. À partir du 9ème ou du 10ème jour suivant le début des menstrues, la femelle est fécondable et accepte les avances des mâles, cela se voit à la façon dont elle déporte la queue sur le côté. Pour l'accouplement, la période la plus favorable se situe

entre le 9ème et le 13ème jour car certaines femelles sont précoces, tandis que d'autres plus tardives. Pour plus d'exactitude, un frottis ou un dosage hormonal (taux de progestérone) est préconisé.
La saillie doit avoir lieu dans un endroit tranquille, sans présence étrangère; il faut cependant surveiller discrètement les chiens. Le coït peut durer de 10 à 30 minutes, voire plus.
Il ne faut surtout pas essayer de séparer les deux animaux car l'union prolongée empêche le liquide spermatique de ressortir du vagin. Si l'accouplement est bien fait, une seconde saillie n'est pas nécessaire.
Il arrive que la saillie ne puisse se faire. Dans ce cas, on a recours à l'insémination artificielle. La semence du mâle est prélevée en présence de la chienne, puis celle-ci est inséminée immédiatement sans dilution. Il est également possible de pratiquer l'insémination artificielle par semence réfrigérée (ce qui résoud les problèmes d'éloignement), la semence est prélevée au moment opportun, elle est diluée, réfrigérée, puis expédiée par envoi rapide.
Depuis quelques années, il existe une banque de semence pour l'espèce canine. Chez le chien, l'insémination artificielle est un formidable outil de sélection. Du fait de la conservation quasi-illimitée du pouvoir fécondant du sperme dans l'azote liquide à -196°C, les éleveurs peuvent réutiliser le potentiel génétique d'un étalon après sa disparition. Les échanges internationaux de semence sont favorisés en cas de barrières sanitaires (en Angleterre) ou douanière. La gestation est d'une durée moyenne de 60 jours mais peut aller de 56 à 63 jours. Un mois après la saillie, une personne avertie peut diagnostiquer par palpation si la femelle a été fécondée (entre le 28ème et 32ème jour). À partir du 25ème jour, une échographie sera plus significative et fiable.

LA GESTATION

Pendant le 1er mois de la gestation, rien n'est visible, si ce n'est que le comportement de la chienne peut changer. Au bout de trois semaines, de petites pertes glaireuses peuvent apparaître. La prise de poids n'est visible que les deux dernières semaines. Pendant la période de gestation, ne pas suralimenter la chienne, ce n'est que vers la 6ème semaine qu'il faudra augmenter progressivement les protéines (viande, oeuf, fromage), les vitamines et les sels minéraux, sans toutefois tomber dans l'excès car il ne faut pas que les chiots deviennent trop gros, cela causerait des problèmes à la mise-bas. Si vous utilisez une nourriture industrielle, passez d'une alimentation d'entretien à une alimentation spécifique pour chienne gestante (ce qui simplifie bien les choses). Durant cette période, il est préférable de fractionner sa ration alimentaire en 2, 3, voire 4 repas par jour. Vermifugez la chienne entre le 45ème et 50ème jour.
Quelques jours avant l'heureux événement, prévoir une caisse de mise-bas à placer dans un endroit calme et isolé, afin que la chienne s'y habitue et y

fasse son nid. Installez un chauffage d'appoint, infrarouge ou plaque chauffante. Préparez du linge propre, des gants chirurgicaux, des ciseaux stériles, de l'alcool à 60°, des compresses, de la teinture d'iode, de la vaseline, un sèche-cheveux, une balance de cuisine etc. Une semaine avant la date prévue pour la mise-bas, préparez la femelle en lui dégageant la vulve ainsi que les tétines en coupant parcimonieusement les poils. Nettoyez rigoureusement ces endroits.

À partir du 55ème jour, prendre matin et soir la température de la femelle et établir une courbe : de 38°5 celle-ci passera à 37°, voire 36° pendant 24 à 48 heures, et remontera à la normale 4 à 5 heures avant le début du travail. Une radiographie est possible et même conseillée (celle-ci est sans danger pour les chiots). Elle donnera avec

LES NORMES PHYSIOLOGIQUES DE LA CHIENNE

Durée des chaleurs
Environ 3 semaines (pro-oestrus).

Cycle
Pro-oestrus : 7 à 10 jours.
Oestrus : 5 à 15 jours.
Postoestrus : 100 à 140 jours.
Anoestrus : jusqu'au cycle suivant (en principe il y a deux cycles par an).

Saillie
Première saillie : attendre de préférence les 3èmes chaleurs.
Moment optimal pour la saillie : en principe du 10ème jour au 13ème jour.
Il est à noter que l'ovulation est parfois beaucoup plus tardive : différentes techniques existent pour cerner le bon moment, tels les frottis vaginaux, et le dosage de la progestérone.

Durée de la gestation
Dans la majorité des cas : 61 à 63 jours.
Variation : 56 à 70 jours.

Prolificité moyenne chez le scottish terrier
4 chiots par portée.

certitude le nombre de chiots, leur grosseur et leur position.
Les signes avant-coureurs de la mise-bas sont :
- Deux jours avant la mise bas, les flancs se creusent.
- Certaines femelles sont tentées de faire leur nid et se mettent à creuser un trou.
- 24 heures avant la mise-bas, elles refusent toute nourriture et peuvent vomir si elles mangent.
- Une agitation nerveuse indique l'imminence du travail.
- Un léger tremblement musculaire se manifeste.
- Un suintement de colustrum apparaît à l'extrémité des mamelles.
- Une forte secrétion de mucus teinté de sang s'écoule de la vulve, bientôt suivi d'un écoulement clair puis verdâtre. Celui-ci s'accompagne de la première contraction.
Ne laissez jamais la chienne seule, votre présence la rassurera et si cela s'avère nécessaire, vous l'assisterez.

LA MISE-BAS

Deux à trois heures après le déclenchement des premières contractions, l'expulsion doit se faire. En s'engageant dans l'utérus, le premier foetus va provoquer la rupture de la poche des eaux (liquide jaune verdâtre) qui n'est pas toujours bien visible. Celle-ci se produit souvent au moment d'une forte contraction ou simultanément au moment de l'expulsion du premier chiot.
En général, la rupture de la poche des eaux doit être suivie, entre une demi-heure et une heure après, de la première expulsion. Passé ce délai, il est conseillé de voir son vétérinaire. Un toucher vaginal vous permettra de vous assurer de la position du premier chiot et des suivants pendant leur progression durant la mise bas. Le chiot naît dans l'enveloppe utérine et la

CAS DE DIFFICULTÉ DE MISE BAS

-Disproportion entre les voies génitales et la taille du foetus
-Voies génitales trop étroites
-Chienne trop jeune ou de petit format
-Chiot de taille supérieure à la moyenne, en cas de portées peu nombreuses
-Contractions inexistantes ou insuffisantes
-Chienne épuisée par un travail trop long
-Foetus coincé
-Mauvaise position du foetus
-Problèmes hormonaux etc ....

LES NORMES D'ÉLEVAGE

Température de la maternité
En ambiance : 20 à 25°C.
Les dix premiers jours (au niveau du nid) : 30°C.
Les vingt jours suivants (au niveau du nid) : 25°C.
À partir de l'âge d'un mois (au niveau du nid) : 20°C.

Calendrier des vermifugations de la chienne
15 jours avant la saillie.
15 jours avant la date présumée de mise bas.
15 jours après la naissance, tous les 15 jours jusqu'au sevrage.

mère, d'instinct, déchire la poche amniotique, rompt le cordon ombilical, puis lèche vigoureusement son petit pour le nettoyer et le réchauffer. Les intervalles entre les naissances sont très irréguliers et peuvent s'étaler sur plusieurs heures.

Si la chienne fait des efforts sans que rien n'apparaisse, il se peut qu'un foetus soit bloqué. Intervenez rapidement entre deux contractions avec un, voire deux doigts gantés et enduit de vaseline ou de paraffine, pour essayer de repousser la poche fœtale vers le haut, c'est-à-dire vers l'utérus. À l'occasion d'une nouvelle contraction, si l'enveloppe apparaît au niveau de la vulve, vous pouvez aider la parturiente en tirant délicatement la poche fœtale vers le bas (afin d'avoir une bonne prise, il est conseillé de se servir d'un linge propre ou d'une compresse de gaze dépliée).

Procédez avec délicatesse pour ne pas crever la poche amniotique, tant que le chiot n'est pas complètement dégagé lorsqu'il se présente par le siège, car il risquerait de «boire la tasse» et de s'asphyxier : la rupture de la poche provoquant le réflexe d'aspiration, (passage de la respiration aquatique à la respiration aérienne). Si vous n'y parvenez pas, voyez rapidement votre vétérinaire. Le temps moyen d'une mise-bas est de 2 à 8 heures, mais celle-ci peu se prolonger jusqu'à 24 heures.

Après l'expulsion du 1er chiot, si la femelle ne fait pas son travail de mère, c'est à vous d'intervenir. Déchirez rapidement l'enveloppe à la main, en dégageant la tête en premier, et coupez le cordon ombilical. Réanimez le chiot qui reste sans réagir, séchez-le en le frictionnant avec un linge chaud, et dégagez ses voies respiratoires en aspirant les mucosités de son museau avec votre bouche. Coupez le cordon ombilical à 1 cm ou 2 du ventre du chiot, désinfectez-le à la teinture d'iode puis ligaturez-le. Il est important de

compter le nombre de chiots et de placentas, les nombres doivent coïncider. L'expulsion de chaque chiot doit être accompagnée de son placenta, soit en même temps, soit un peu plus tard. En général, la femelle le mange, mais il vaut mieux le retirer avant qu'elle ne l'avale pas car il est bourré de déchets de l'organisme du chiot et, chargé de toxines, il est indigeste et risquerait de faire vomir la lice.
Assurez-vous que tous les chiots ont été expulsés en palpant le ventre de la femelle. Une fois la mise-bas terminée, après avoir nettoyé les chiots et la couche, procédez à leur pesée et examinez-les attentivement afin de vérifier s'ils ont une apparence normale ou pour déceler une éventuelle anomalie ou malformation comme :
- un crâne trop gros (encéphalie);
- une fontanelle non fermée;
- un bec de lièvre;
- un palais fendu (ce qui occasionne le rejet du lait par les narines);
- des membres déformés;
- des problèmes respiratoires etc...

Quelle joie de voir ces petits êtres chercher les tétines de leur mère. Il est recommandé que les chiots absorbent le premier lait de leur mère : «le colostrum», dont les particularités laxatives facilitent le rejet des restes qu'ils ont accumulés durant leur vie intra-utérine. De plus, le colostrum est riche en sels minéraux et favorise la production d'anti-corps chez le chiot. Pendant et après la mise bas, donnez à la chienne du lait tiède et du glucose.
Il serait sage de faire examiner la mère et sa progéniture par un vétérinaire, 48 heures après la naissance. Par la suite, surveillez les pertes de la femelle : initialement verdâtres, puis rougeâtres, ils doivent, au bout de 15 à 20 jours, se limiter à une sécrétion de mucus incolore et inodore. À partir du 10ème jour et tous les 15 jours, vermifugez les chiots et la mère. Entre 6 et 10 semaines, la vaccination des chiots s'impose, profitez-en pour les faire tatouer, et procédez à leur inscription au LOF . N'omettez pas de faire votre déclaration de naissance au plus tard 14 jours après la mise-bas. À partir de 8 semaines, les chiots seront disponibles

DANS QUEL CAS FAUT-IL APPELER LE VÉTÉRINAIRE ?

Si la gestation se prolonge au delà de 63 jours.
Si la femelle se plaint.
Quand le travail est violent et se prolonge sans que le chiot progresse dans le canal pelvien.
Quand le travail est faible et intermittant depuis 6 heures et sans expulsion.
Quand le nombre de petits expulsés ne correspond pas au nombre prévu.
Quand il n'y a plus de contractions depuis plus de 4 à 5 heures.

pour leurs nouveaux maîtres. Personnellement, je préfère les céder après 12 semaines.
Au moment de la vente, l'éleveur doit fournir aux acquéreurs : le carnet de santé du chiot, sa carte de tatouage et son certificat de naissance.

LES SOINS AUX CHIOTS

Maintenez les nouveau-nés au calme, à l'abri des courants d'air et au chaud, car ils sont très sensibles au froid pendant le premier mois de leur vie. La température doit être vérifiée au niveau des chiots et non de la pièce. Surveillez aussi l'hygrométrie qui doit être maintenue entre 55 à 65% surtout si vous utilisez une lampe à infrarouge. Vérifiez la hauteur du radian afin que la température de la couche soit à 39° au niveau de celle-ci le premier jour (la température du chiot doit être de 39° pour que l'instinct de téter soit continu); par la suite, baissez progressivement pour atteindre environ 30° (voir tableau). Pesez les chiots régulièrement afin de surveiller leur croissance, au moins les 15 premiers jours, profitez-en aussi pour vérifier l'état des nombrils ainsi que l'état général des chiots.
Le sevrage débute entre la 3ème et la 4ème semaine, au moment où le foie des petits commence à épuiser la réserve de fer dont ils sont dotés à la naissance et qui compense l'absence de ce minéral dans le lait. Donnez-leur de la viande crue ou des bouillies nourrissantes à base de substances protéiniques, du fromage frais, des oeufs et de la farine de légumes, ou alors utilisez l'alimentation industrielle adaptée au sevrage du chiot. Parallèlement, les chiots continueront à téter. Le sevrage définitif se fera à 7 ou 8 semaines, et vous compenserez cela par 5 repas quotidiens.
Le chiot en bonne santé est une petite boule un peu enveloppée, il est doté d'un abdomen rebondi mais attention, rebondi ne veut pas dire ballonné, ce qui serait le signe de troubles digestifs ou de parasitose intestinale. Si les membres sont tournés vers l'extérieur, il peut s'agir d'un chiot dit «nageur». Le pelage est soyeux et brillant, la peau ne présente pas de croûtes, de boutons ni de rougeurs. Les yeux ainsi que les narines sont dépourvus de sécrétions anormales. Les oreilles sont propres et non obstruées par des bouchons de cérumen. Le cérumen se présente sous la forme de petites particules jaunes et surtout pas noirâtres (symptômes de gale auriculaire). Les dents de lait sont bien blanches et brillantes.
Si le chiot n'arrête pas de se plaindre, voyez votre vétérinaire car cela peut être le signe de certains problèmes internes.
Pensez à le vermifuger tous les 15 jours jusqu'à deux mois, puis tous les mois jusqu'à l'âge d'au moins six mois, voire 1 an. Attention aux parasites externes, puces, tiques, moustiques etc....

ALIMENTATION DE LA MÈRE DURANT LA LACTATION

Tout comme la période de gestation, durant la lactation, la nourriture de la mère doit être riche en protéines et très

digestible. Il est conseillé de peser régulièrement la femelle, en ajustant l'alimentation afin que celle-ci garde son poids initial.
Première semaine : une fois et demi la quantité de nourriture habituelle.
Deuxième semaine : deux fois la quantité habituelle.
Troisième semaine : trois fois la quantité habituelle.
La quantité à donner peut être fractionnée en trois ou quatre repas par jour.

LES ÉTAPES DE LA VIE D'UN CHIOT

La vie d'un chien correspond approximativement à 7 ans de la vie d'un homme. En réalité, ce rapport n'est pas constant, et varie avec l'âge. Il est d'environ de 1 à 15 pour le chien de 1 an, de 1 à 7 lorsqu'il a 5 ans, et de 1 à 5 quand celui-ci atteint l'âge de 15 ans (ce qui est, malheureusement, relativement rare pour un scottish terrier).
En conclusion, l'évolution du chiot se déroule très rapidement : à 1 an, il se sera donc autant développé qu'un enfant de 15 ans. L'homme passe 1/5 de sa vie à grandir et à devenir adulte, tandis que le chien y consacre 3 fois moins de temps, d'où l'obligation de porter une grande attention aux soins, à la nourriture et au cadre de vie des chiots, afin que ceux-ci puissent pleinement développer leurs capacités physiques et leur intelligence.
Le chiot naît sourd et aveugle. Durant la première semaine, il mène une vie végétative dans laquelle ses activités se résument à téter et à dormir (l'élimination des excréments n'est pas encore volontaire, c'est la mère qui s'en charge en massant à coups de langue le ventre du chiot). À partir de 12 jours, il commence à ouvrir les yeux et à entendre. La 3ème semaine constitue une étape charnière, car c'est celle de l'éveil du chiot au monde qui l'entoure, notamment vis à vis de ses frères et soeurs. Il commence également à se déplacer.
À environ 5 ou 6 semaines, sa maturité nerveuse est achevée, ses facultés mentales et comportementales ainsi que la coordination de ses mouvements sont au point. Il est pratiquement sevré et élimine sans l'aide de sa mère. Son développement physique est très rapide : en 1 mois, il a multiplié son poids de naissance par 7.
La période allant de 3 à 12 semaines est très importante chez le chien pour son comportement ultérieur vis à vis des humains, d'où la nécessité d'une bonne imprégnation des diverses choses de la vie. Le jeune scottish terrier doit avoir accumulé assez d'expérience en 12 semaines pour pouvoir rejoindre sa famille d'adoption et ne pas être trop perturbé ni paniqué par ce changement de vie.
L'apprentissage du chiot commence bien avant la naissance. On sait à présent que l'état émotionnel de la mère pendant la gestation va orienter la stabilité ultérieure du chien adulte.
À partir de sa naissance, le chiot connaît un développement comportemental se décomposant en 5 phases :
1. une phase néo-natale (durant les

deux premières semaines)
2. une phase de transition (pendant la 3ème semaine)
3. une phase de socialisation primaire (pendant le 2ème mois)
4. une phase de socialisation secondaire (pendant le 3ème mois)
5. une phase juvénile et de hiérarchisation (de 3 à 6 mois)

LE COMPORTEMENT DU CHIOT

Les douze premières semaines de vie du chiot sont d'une importance capitale. Durant cette période relativement courte, le chien prend contact avec l'environnement extérieur, aussi, mal gérée, cette étape peut être lourde de conséquences pour le comportement futur du chien. Si l'importance de cette phase d'évolution du chiot est négligée, elle peut provoquer chez lui des névroses, des troubles comportementaux qui l'accompagneront toute sa vie, d'où la responsabilité de l'éleveur d'assurer à ses chiots une bonne imprégnation.
La période d'imprégnation se situe entre la 3ème et la 12ème semaine, mais celle où la réceptivité est maximale se situe entre la 4ème et la 7ème semaine. Le but de l'éleveur doit être de familiariser le plus possible le chiot avec son environnement et de le faire réagir favorablement aux diverses situations qui se présentent à lui.
Comme nous l'avons déjà précisé, c'est à 3 semaines que le chiot commence à voir et à entendre. Il se sensibilise peu à peu à son environnement, aux bruits de la maison, à ses frères et soeurs, à sa mère, aux autres chiens et particulièrement à la personne qui s'occupe de lui. Il commence à se déplacer et à découvrir son petit univers : la caisse de mise bas, voire son petit parc. Il se met à mordiller et à grignoter ce qui se trouve à sa portée et à se manifester par des petits cris et aboiements.
C'est à 5 semaines que son système nerveux est pratiquement achevé et qu'il va entreprendre de jouer avec les autres chiens, apprendre à les dominer ou à se faire dominer. Il va se frotter aux divers comportements de ceux-ci, ainsi qu'aux réactions de sa mère.
Dès la naissance des chiots, appliquez-vous, au moment des pesées et plusieurs fois par jour, à les manipuler en les bougeant délicatement dans tous les sens et même en les tenant sur le dos. Caressez-les tout en leur parlant, ça stimulera leur sens de l'équilibre et leur maturité cérébrale.
Lorsque les chiots sont âgés de 4 à 7 semaines, période cruciale de réceptivité maximale, essayez de leur faire rencontrer d'autres personnes et mettez-les en présence d'autres animaux (chiens étrangers, chats) tout en les surveillant attentivement.
Habituez-les aux différents bruits de la maison, (appareils ménagers, bruits de porte, de vaisselle etc..) ainsi qu'aux bruits extérieurs (circulation etc..).
Déplacez souvent vos chiots afin qu'ils se familiarisent à des sols différents, ce qui sensibilisera leur sens du toucher.
Mettez à leur disposition des jouets couineurs, que vous changerez souvent.
Éveillez leur curiosité en leur

présentant des objets inhabituels, mettez-les en contact avec la nature (sol, végétation), les chiots s'aguerriront et cela renforcera leur système nerveux, leur équilibre; ils n'auront peur de rien et seront aptes à affronter la majeure partie des situations nouvelles qui se présenteront à eux.
Persévérez jusqu'à l'âge de 12 semaines. Si vous consacrez beaucoup de temps à vos chiots, vous en serez récompensé.
Passé 12 semaines, si l'apprentissage n'a pas été fait dans les règles, ou fait trop succinctement ou pas du tout, les chiots se montreront certainement peureux, craintifs, agressifs, et très mal adaptés aux diverses situations de la vie de chien.
Au cours de la 7ème semaine, à l'aide du test de Campbell, on pourra s'assurer du comportement et des réactions du chiot.

PROBLÈMES PARTICULIERS LIÉS À LA RACE

Un accouplement parfois difficile
De par leur morphologie particulière, il arrive que l'accouplement des scottish ne puisse se réaliser naturellement. Dans ce cas, il faut donc aider les chiens pour que la saillie se réalise. Le fait de surélever le mâle par rapport à la femelle facilite souvent l'accomplissement de l'acte. Une petite installation favorise le rapprochement des géniteurs et aide le mâle à être à la bonne hauteur pour pénétrer la femelle. Malgré cela, si le mâle a des problèmes, on peut l'aider en guidant son sexe, ce qui évitera à ce dernier de batailler longuement pour rien et de s'épuiser inutilement.

Le recours à la césarienne
Durant la gestation, évitez de trop nourrir la chienne, (surprotéinisation) mis à part les 15 derniers jours où l'on améliore la qualité par rapport à la quantité et où l'on fractionne la ration en plusieurs repas car les chiots commencent à prendre de la place dans le ventre de leur mère. Il ne faut en aucun cas que les chiots deviennent trop gros car cela entraînerait des difficultés lors de la mise-bas. Donnez vitamines et calcium à bon escient, mais attention aux excès, cause de nombreux troubles.
Supprimez le calcium les 15 derniers jours, pour éviter de réduire la malléabilité des os des petits et de les faire trop grossir.
Faites faire une échographie à 59 jours; celle-ci permet de connaître approximativement le nombre de chiots et indique leur positionnement - généralement, ils se présentent à 60% par les antérieurs et à 40% par les postérieurs - ainsi que leur grosseur. Lors de l'examen, le vétérinaire peut prendre la décision de pratiquer une césarienne, chose fréquente chez le scottish.
Si la mise-bas peut se faire naturellement, prévoyez un lubrifiant (vaseline) qui facilitera l'expulsion des chiots.
Lors de la pratique de la césarienne, il est conseillé de limiter la dose d'anesthésique au strict minimum nécessaire afin que, dès l'opération

terminée, la chienne se réveille rapidement et dans de bonnes conditions. Ainsi elle pourra immédiatement s'occuper de sa progéniture. D'une manière générale, après une césarienne, il est important que la chienne sente rapidement l'odeur de ses chiots afin de la mémoriser, mais mal réveillée, elle risque de les ignorer et même de les blesser.

Lors de l'achat de votre chienne, vous aviez pris soin de choisir une femelle issue d'une bonne lignée, la plus conforme possible au standard, mais également faut-il qu'elle provienne d'une lignée à mise-bas naturelle, ce qui serait un atout supplémentaire pour vous épargner bien des soucis.

Le chiot nageur

Le syndrome du chiot nageur : il se manifeste par une attitude caractéristique du chiot, et surtout par des déformations osseuses. Le chiot semble ramper, les membres qui ne le soutiennent plus sont rejetés à l'extérieur, et animés de mouvements latéraux. Le thorax est aplati du sternum jusqu'à la colonne vertébrale. La présence de surfaces trop lisses dans l'environnement du chiot et

Une brochette de champions «Gaywyn» et «Mayson».

surtout un déséquilibre alimentaire en faveur des protéines sont à l'origine de ce syndrome.
Certaines races sont plus prédisposées : le basset, le pékinois, le bulldog anglais et le scottish terrier.

La crampe du scottish
C'est une affection neurologique héréditaire propre au scottish terrier et caractérisée par des épisodes d'hypertonicité musculaire, entraînant des difficultés locomotrices et des postures anormales. Elle est mal connue, aussi bien par les éleveurs que par les vétérinaires. L'affection peut commencer chez le chiot et se prolonger durant toute la vie de l'animal. Les symptômes apparaissent généralement entre 4 et 6 mois, mais il se peut que le problème soit présent dès la naissance du chiot. Les symptômes se manifestent seulement quand le chien fait des excercices soutenus, ou lors d'excitations.
Dans un premier temps, l'animal est normal, la locomotion est correcte, et le chien commence à marcher régulièrement avec un bon mouvement mais, après un moment, les pattes arrières se raidissent, le chien fait des mouvements saccadés à partir de la hanche.
Dans un deuxième temps, les hanches cessent de fonctionner, le dos monte, le chien essaie cependant d'avancer en sautillant, puis il arrive qu'il tombe sur le côté, incapable de bouger dans les cas les plus graves.
Si on laisse l'animal récupérer, au bout de quelques minutes, il se détendra et, relaxé, il présentera à nouveau un état normal. Il peut alors se remettre à avancer, mais le processus se répètera chaque fois que le chien atteindra sa limite. Il se peut, dans certains cas, que le mal ait une origine autre que celle de l'hérédité : chute, étirement lors de la mise bas, piétinement du chiot par sa mère, ou torsion.
La cause de cette affection demeure controversée, encore que de nombreux arguments tendent à prouver qu'elle serait de nature neurologique.
En tout cas, une consultation chez votre vétérinaire s'impose, une analyse sanguine pourra révéler la profondeur du mal.

QUELQUES NOTIONS DE GÉNÉTIQUE

La génétique est la science de l'hérédité. C'est la transmission des caractères héréditaires des parents à leurs enfants. L'homme et le chien sont constitués de milliards de cellules. Les cellules de même type sont groupées et forment un tissu (tissu musculaire, tissu nerveux, tissu sanguin). Chaque cellule renferme un noyau formé par les chromosomes, ceux-ci constituent le support d'hérédité.
Le nombre et la forme des chromosomes sont caractéristiques pour chaque espèce et l'ensemble constitue le caryotype.
Deux chromosomes forment une paire de chromosomes : l'une de ces paires est particulière car les chromosomes la constituant ont une forme différente chez le mâle et la femelle : il s'agit de la

Une famille «Gaywyn» : la mère, Vogue; le père, Adventure Story; la fille, Victoria.

paire des chromosomes sexuels. L'homme et la femme ont 46 chromosomes, donc 23 paires dont une paire de chromosomes sexuels.
Le chien possède 78 chromosomes (soit 39 paires). Un sujet obtient la moitié de ses chromosomes de son père, l'autre moitié de sa mère.
Deux chromosomes homologues comportent, au même endroit (on dit au même locus), des gènes appelés allèles, gouvernant le même caractère. Dans le cas où deux allèles ne donnent pas la même information ou le même ordre à l'organisme, si un seul d'entre eux s'exprime, on dit qu'il est dominant, tandis que l'autre, caché, est récessif.

REPRODUCTION ET CONSANGUINITE

Bien que la consanguinité souffre encore d'une mauvaise réputation dans l'opinion publique (qui l'associe aux animaux malformés, débiles etc.), on peut affirmer qu'en aucun cas celle-ci ne crée des tares, elle ne fait que révéler celles dissimulées au coeur du patrimoine génétique. Envisagée d'un point de vue scientifique, elle permet d'exploiter les qualités d'une lignée et ne fait qu'apparaître au grand jour, à plus court terme, ses défauts. Pour bien utiliser la génétique, il faut en comprendre les mécanismes fondamentaux. Les gènes sont responsables des caractéristiques physiques tels que le type de poil, la couleur... mais aussi, des caractéristiques psychiques, déterminant la sociabilité, l'intelligence etc.. Le but recherché est, bien sûr, de fixer les qualités au détriment des défauts. Il est recommandé d'utiliser des reproducteurs s'approchant le plus possible du standard si l'on ne veut pas courir de risques. Le choix d'un éleveur en herbe se portera sur un reproducteur dont la valeur a déjà fait ses preuves lors d'accouplements précédents.

La consanguinité étroite (mère et fils, frère et soeur, père et fille) réside à accoupler des sujets proches parents, elle engendre des résultats rapides et spectaculaires. La consanguinité large consiste à effectuer des mariages entre des parents plus éloignés (grand-père et petite fille, grand-oncle et petite nièce, petit neveu et grande tante) elle permet de garder le type et la lignée, et les risque encourus sont moindres.

Chaque éleveur a sa méthode personnelle, fruit de son expérience, et, de toutes façons, pratiquer la consanguinité n'est pas une affaire de néophyte.

La consanguinité n'est pas nuisible, ni dangereuse ou malsaine, elle est un moyen de progresser en élevage. En tout cas, si vous voyez plusieurs fois le même chien sur le pedigree du scottish que vous venez d'acheter, ne vous affolez surtout pas : si l'éleveur l'a utilisé autant de fois, c'est sûrement qu'il s'agit d'un bon chien ayant contribué à l'amélioration de sa lignée. Si ce chien avait engendré des chiots porteurs de tares, l'éleveur ne se serait pas amusé à renouveler l'expérience.

AFFIXE

C'est le nom de famille des chiens et chiennes, nés de lices appartenant, lors de la mise-bas des chiots, à un éleveur déterminé .

Si cet éleveur produit plusieurs races, tous les chiens porteront le même affixe. Le futur éleveur dépose son affixe en s'adressant à la Société Centrale Canine qui lui envoie un imprimé - à remplir et à signer - et sur lequel il doit s'engager :

1 - à ne produire que des chiens de race inscrits au L.O.F;

2 - à soumettre au contrôle de la S.C.C la totalité des chiens de son élevage;

3 - à respecter les directives des associations des races qu'il élève.

Concernant les terriers d'Ecosse, pour obtenir un affixe, il faut impérativement faire partie de l'association, au moins pendant 3 ans, et avoir l'accord de son président.

RÈGLEMENT INTERNATIONAL D'ÉLEVAGE DE LA F.C.I.

Préambule

1. Les droits et obligations réciproques des propriétaires ou des possesseurs d'étalons et de lices sont déterminés par

les associations d'élevage, par le droit national et les règlements cynologiques nationaux, ainsi que par des conventions particulières. Dans le cas où de telles dispositions n'existeraient pas, c'est le règlement international d'élevage de la F.C.I. qui est applicable.
Il est recommandé, de façon pressante, aux éleveurs, propriétaires ou possesseurs d'étalons, de déterminer par écrit les conditions dans lesquelles se fera la saillie, afin de créer une situation claire en ce qui concerne les obligations financières.
Le règlement d'élevage de la F.C.I. doit être applicable pour tous les cas qui ne sont pas réglés par le droit ou les règlements d'élevage nationaux.

Transport et frais d'entretien de la lice

2. Il est recommandé aux propriétaires de lices d'amener la chienne à saillir auprès du mâle soit personnellement, soit par une tierce personne. Dans le cas où la chienne demeurerait plusieurs jours chez le possesseur de l'étalon, tous les frais en résultant tels que : alimentation, hébergement, soins vétérinaires éventuellement, ainsi que les dommages que la chienne viendrait à provoquer à l'installation du possesseur de l'étalon, sont à la charge du propriétaire de la chienne. Le transport de retour de la chienne s'effectue aux frais de son propriétaire.

Responsabilités

3. En conformité avec les dispositions légales ayant cours dans différents pays, est responsable des dommages pouvant être causés par l'animal, la personne qui, au moment du dommage, assure l'hébergement et les soins de l'animal. Dans le cas où la chienne demeure un ou plusieurs jours sous la surveillance du possesseur de l'étalon, ce dernier est considéré, de par la loi, comme la personne assumant la garde de l'animal, et de ce fait, il est responsable des dommages que la chienne pourrait occasionner à des tierces personnes.
Le possesseur (personne assumant la garde) de l'étalon, doit tenir compte de ce qui précède, lors de la conclusion d'un contrat d'assurances personnel en Responsabilité Civile.

Décès de la chienne

4. Dans le cas où la chienne viendrait à décéder pendant le séjour chez le possesseur de l'étalon, ce dernier s'oblige, à ses frais, à faire constater le décès et sa cause par un médecin vétérinaire.
Il informe, de la manière la plus rapide possible, le propriétaire de la chienne, du décès et de sa cause. Dans le cas où le propriétaire de la chienne désirerait voir celle-ci décédée, il ne peut s'y refuser.
Dans le cas où le décès serait occasionné par la faute du possesseur de l'étalon, ce dernier est tenu à prestation de dommages et interêts envers le propriétaire de la chienne. Dans le cas où aucune faute ne peut lui être reprochée, il appartient au propriétaire de la chienne, de rembourser au possesseur de l'étalon, tous les frais en corrélation avec le décès de la chienne.

Choix de l'étalon
5. Le possesseur de l'étalon s'oblige à ne faire saillir la lice que par l'étalon prévu, à l'exclusion de tout autre.
Dans le cas où l'étalon ne procèderait pas à la saillie, la lice ne peut être mise en rapport avec un autre étalon qu'avec l'accord du propriétaire. De toute façon, il est interdit de laisser saillir une lice par deux ou plusieurs étalons pendant ses mêmes chaleurs.

Saillies erronées
6. Dans le cas où il y aurait accidentellement, mais non intentionnellement, une saillie effectuée par un étalon autre que celui convenu, le possesseur de l'étalon qui a pris la lice sous sa garde est obligé de rembourser au propriétaire de la lice, les frais occasionnés par cette saillie erronée.
Après une saillie non intentionnelle par un étalon autre que celui prévu, il est interdit de procéder à une nouvelle saillie avec l'étalon qui avait été prévu à cet effet. Le propriétaire de l'étalon ne peut en aucun cas, pour une telle saillie, prétendre imposer des obligations financières à l'encontre du propriétaire de la lice.

Attestation de saillie
7. Le propriétaire de l'étalon certifie, par la rédaction d'une attestation, de l'exécution correcte de la saillie, il confirme, en apposant sa signature sur le document, qu'il a été témoin oculaire de la saillie. Pour le cas où les services tenant le Livre des Origines du pays où la portée doit être enregistrée, prévoient certains formulaires spéciaux, il appartient au propriétaire de la lice de se les procurer, de les remplir correctement et de les présenter à la signature du possesseur de l'étalon. Cette attestation de saillie doit contenir obligatoirement les renseignements suivants :
a) nom et numéro d'inscription au Livre des Origines de l'étalon;
b) nom et numéro d'inscription au Livre des Origines de la lice;
c) nom et adresse du possesseur de l'étalon;
d) nom et adresse du propriétaire de la lice au moment de la saillie, éventuellement, la date d'acquisition de la lice;
e) lieu et date de la saillie;
f) signature du possesseur de l'étalon et du propriétaire de la chienne;
g) Dans le cas où les services tenant le Livre des Origines exigent, pour l'inscription des chiots, une photocopie certifiée conforme ou un extrait certifié conforme du pedigree, il appartient au possesseur de l'étalon de remettre à titre gratuit ces documents à la disposition du propriétaire de la lice.

Dédommagements pour la saillie
8. Il est recommandé au possesseur de l'étalon de ne signer l'attestation de saillie qu'après paiement du prix préalablement fixé pour la saillie. Une rétention de la lice en tant que gage n'est toutefois pas permise.
9. Si l'étalon dont il a été convenu ne procède pas à la saillie, pour quelque raison que ce soit ou parce que la lice ne se laisse pas saillir, faisant que la saillie n'a pas été effectivement exécutée, le

possesseur de l'étalon n'en garde pas moins le droit aux dédommagements prévus à l'article 2 mais ne peut prétendre au prix convenu de la saillie.

10. En ce qui concerne la descendance de l'étalon, le possesseur de l'étalon n'a pas droit, vis à vis du propriétaire de la lice, à des dédommagements autres que ceux prévus pour la saillie. Il n'a aucun droit de se faire remettre un chiot, sauf si le propriétaire de l'étalon désire en garder un pour son propre élevage, sous condition de ne pas le vendre.

Lorsque les parties se sont mises d'accord pour la remise d'un chiot en tant qu'indemnité pour la saillie, cet accord doit alors être formulé par écrit et avant la saillie. Dans un tel accord, les points suivants doivent absolument être précisés et respectés :

a) le moment du choix du chien par le propriétaire de l'étalon;

b) le moment de la remise du chiot au possesseur de l'étalon;

c) le moment à partir duquel le droit au choix par le possesseur de l'étalon est irrévocablement prescrit;

d) le moment à partir duquel le droit de prise est irrévocablement prescrit;

e) le règlement des frais de transport;

f) les accords spéciaux pour le cas où la lice ne met bas que des chiots morts-nés ou qu'un seul chiot vivant, ou pour le cas où le chiot choisi viendrait à décéder avant la remise.

La lice demeure vide

11. Après une saillie exécutée correctement, on considère que l'étalon a satisfait à ses obligations, et que dès lors, les conditions pour avoir droit au dédommagement convenu sont remplies. Elles ne constituent pas une garantie quant au fait que la lice soit pleine. Il est laissé à l'appréciation du propriétaire de l'étalon, lorsque la lice demeure vide, soit d'accorder, à une prochaine chaleur de cette dernière, une nouvelle saillie à titre gratuit, soit de rembourser une partie de l'indemnité obtenue pour la saillie. Un tel accord doit être fixé par écrit, avant la saillie, dans le contrat. Le droit convenu à une saillie gratuite s'éteint toutefois, en principe, au décès de l'étalon ou lors du changement de possesseur de ce dernier ou avec le décès de la lice.

Insémination artificielle

12. En cas d'insémination artificielle de la lice, le docteur vétérinaire qui a recueilli le sperme de l'étalon doit certifier, à l'aide d'une attestation à remettre au service tenant le Livre des Origines où les chiots doivent être enregistrés, que le sperme frais ou congelé émane bien de l'étalon dont il a été convenu. Par ailleurs les attestations prévues à l'article 7 (a à g) doivent être mises à la disposition du propriétaire de la lice par le possesseur de l'étalon à titre gratuit. Tous les frais encourus pour recueillir le sperme sont à la charge du propriétaire de la lice, les frais relatifs à l'insémination sont également à la charge du propriétaire de la lice.

Le docteur vétérinaire qui procède à l'insémination de la lice doit confirmer auprès des services tenant le Livre des Origines, que la lice a bien été inséminée à l'aide du sperme provenant de l'étalon prévu pour la saillie, ainsi que le nom et l'adresse du propriétaire de la lice.

Le propriétaire de l'étalon fournissant le sperme doit délivrer au propriétaire de la lice, en plus de l'attestation fournie par le docteur vétérinaire, une attestation officielle de saillie.

Cessation du droit d'élevage

13. On considère, de manière générale, que le propriétaire de la lice, au moment de la saillie, est l'éleveur de la portée.

Le droit à l'utilisation de la portée d'une lice ou d'un étalon peut toutefois être transféré, par un accord contractuel, à une tierce personne.

Un tel transfert doit, dans tous les cas, être attesté par écrit, avant la saillie projetée. Une telle cession du droit d'élevage constatée par écrit, doit être déclarée à temps au service compétent du Livre des Origines, et éventuellement, à l'association d'élevage compétente pour cette race. Elle doit être jointe à la déclaration de la portée. Il convient de décrire très exactement dans la cession du droit d'élevage, les droits et obligations des deux parties contractantes. La tierce personne qui prend temporairement le droit d'élevage d'une lice, est considérée comme propriétaire de celle-ci, au sens du présent règlement, pour une période allant de la saillie jusqu'au moment du sevrage.

Inscription des chiots au livre des origines

14. Sauf dispositions contraires, on considère que le nouveau propriétaire, lors d'une vente d'une chienne pleine, est automatiquement l'éleveur de la portée à venir. Les chiots sont inscrits au Livre des Origines du pays dans lequel le propriétaire de la lice a sa résidence habituelle, et portent son affixe.

15. Les chiots sont inscrits, en principe, au Livre des Origines du pays où le propriétaire de la lice a sa résidence habituelle.

En cas de contestation, il doit obligatoirement produire une attestation de l'autorité tenant le registre des domiciles (résidences habituelles).

Des exceptions sont tolérées pour des éleveurs de chiens de race vivant dans un pays ne tenant aucun Livre d'Élevage reconnu par la F.C.I.

Il est laissé à l'appréciation de ce dernier de procéder à l'inscription des chiots dans un Livre de l'Élevage reconnu.

Les règlements d'élevage des pays membres

16. Les règlements d'élevage des pays membres ne peuvent contenir de dispositions qui seraient en contradiction avec le présent règlement d'élevage de la F.C.I.

Dispositions finales

17. Ce règlement remplace la «Coutume Internationale d'Elevage de Monaco» de l'année 1934. En cas de divergence d'interprétation, le texte allemand est déterminant. Il fut adopté à l'Assemblée Générale de la F.C.I. des 11 et 12 juin 1979 à Berne (Suisse).

Annexes

CHAMPIONS INTERNATIONAUX			
ANNÉE	**NOM ET AFFIXE**	**SEXE**	**PROPRIÉTAIRE**
1985	Jetscot Terrapin	mâle	Mme Péricoi
1985	Taradele Tourelle de Hainaut	fem.	Mr Lestienne
1985	Soky	mâle	Mme Hovagimyan
1985	Pyrrhademon Moulin	fem.	Mme Hovagimyan
1985	Thais de la Fontaine de Villiers	fem.	Mr & Mme Lebert
1986	Saphir de La Fontaine de Villiers	mâle	Mr Monseau
1986	Wilder mist Carol	fem.	Mr & Mme Lebert
1987	Virginia de La Fontaine de Villiers	fem.	Mme Saucet
1988	Majolika's Nicklas	mâle	MmeRound & De Cormis
1989	Little Lad of Scarista at Borkenheugh	mâle	Mme Round
1990	Laika of Black Low Lands	fem.	Mr Lestienne
1991	Eugénie du Domaine de la Petite Bécassière	fem.	Mr De Candamo
1991	Hadge Magic Box	fem.	Mme Péricoi
1992	Loch Lomond Cornélius	mâle	Mme Brousset-Raffin
1992	Nikita of Black Low Lands	fem.	Mme Crete-Batillat
1992	Noemie	fem.	Mme Crete-Batillat
1992	Ship Ahoy of Gaywyn	mâle	Mr Bastien
1993	Mac Cal's Truly Truly Fair	fem.	Mme Round
1993	Torcraig Tamarind	fem.	Mr Klein
1993	Fourback of Black Adventure Story	fem.	Mr Bastien
1994	Fidelio du Clos St François	mâle	Mr. Levallois & Mr Slama
1994	Fais ce qu'il te plaît de Champernoune	mâle	Mme Round
1994	Sandgregs Jiminy Cricket	mâle	Mme Roun
1994	Sea Shanty of Gaywyn	mâle	MmeQuaranta-Legrand
1995	Goldfinger De Champernoune	mâle	Mr.Deramond
1995	Ogilvy	fem.	Mme Crete-Batillat
1995	Merkot She's a Star	fem.	Mr Bastien

CHAMPIONS NATIONAUX			
ANNÉE	SEXE	C.A.C. CHAMPIONNAT S.C.C.	C.A.C. NATIONALE D'ELEVAGE
1985	Mâle	Saphir de la Fontaine de Villiers à Mr Monseau	Greemall Gringerbread Man à Mr Schwab
	Fem.	Thais de la Fontaine de Villiers à Mr Monseau	Wildermist Carol à Mr Lebert
1986	Mâle	Trafalgar de la Jonquerolle à Mme Péricoi	Penjetta Pepper Pot à Mme Boggaert
	Fem.	Troika de la Jonquerolle à Mme Péricoi	Majolika's Scotty Girl à Mme Flerlage
1987	Mâle	Stuane Emperor à Mme Gutshaw	Lakelynn Charles à Mme Péricoi
	Fem.	Una des Hautes Terres à Mme Péricoi	Scarista Joanna à Mme Round
1988	Mâle	Raglan Commander à Mme Clerc	Hadge Magic Bright à Mme Péricoi
	Fem.		Scarista Native Charm à Mme Round
1989	Mâle	Little Lad of Scarista at Brokenheugh à Mme Round	Little Lad of Scarista at Brokenheugh à Mme Round
	Fem.	Ambre Robin Ray à Mme Péricoi	Prunella of Kennelgarth à Mr Garnier
1990	Mâle	Tamzin French Challenger à Mr Lebert	Ship Ahoy of Gaywyn à Mr Bastien
	Fem.	Kira of scottish Highland à Mr Hehl	Brenda à Mme Péricoi
1991	Mâle	Scarista Iron Duke à Mme Péricoi	Edgar de la Jonquerolle à Mme Péricoi
	Fem.	Hadge Magic Box à Mme Péricoi	Mac Cals Truly Truly Fair à Mme Round
1992	Mâle	Micanda Free N'Easy à Mr Baril	Sandgregs Jiminy Cricket à Mme Round
	Fem.	Noemie à Mme Crété	Nikita of Black Low Lands à Mme Crété
1993	Mâle	Shayscot Clansman à MM Levallois Slama	Golden Boy de la Vallée d'Orion à Mme Borrey
	Fem.	Fourback of Black adventure Story à Mr Bastien	Merkot She's a Star à Mr Bastien
1994	Mâle	Goldfinger de Champernoune à Mr Deramond	Mayson Catchphrase à Mr Schwab
	Fem.	Handle With Care de Champernoune à Mme Round	Ogilvy à Mr Crete-Batillat

ADRESSES UTILES

SOCIETE CENTRALE CANINE
155 avenue Jean-Jaurès
93535 Aubervilliers cedex
Renseignements :
(1) 49 37 54 00
Fichier : (1) 49 37 54 54

FÉDÉRATION CYNOLOGIQUE INTERNATIONALE (F.C.I)
14 rue Leopold II
6530 Thuin
Belgique - Tél : (071) 59 12 38

AMATEURS DES TERRIERS D'ÉCOSSE (A.T.E)
(affiliés à la S C C)
Président :
Mr Deschamps
La Harboudière
27160 Conde sur iton
Tél : (16) 32 29 81 93

SOCIÉTÉ PROTECTRICE DES ANIMAUX (S.P.A)
39 Boulevard Berthier
75017 Paris
Tél : (1) 43 80 40 66

CLUB ROYAL BELGE DE TERRIERS
Demullier
Chaussée du Clorbus
7700 Mouscron

UNION CYNOLOGIQUE SAINT HUBERT LUXEMBOURG
BP 69 - L 4901 Bascharage

ATOUT CHIEN
(n°47 et 102 sur le scottish terrier)
35 rue des chantiers
78035 Versailles cedex
Tél: (1) 39 20 70 75

ÉLEVEURS

BLACK ADVENTURE STORY
Mr et Mme BASTIEN
125 avenue des palmiers
83140 Six Fours les Plages
Tél : (16) 94 34 07 46
94 74 93 76

DE LA VALLÉE D'ORION
Mme MINCKE
Les Chassans
Étoile
26800 Porte Les Valence
Tél : (16) 75 60 71 24

DU MOULIN DE MAC GREGOR
Mme O'CONNOR
Le Moulin de Luet
28700 Beville le comte
Tél : (16) 37 31 35 67

BRULE ROCAILLE
Mme BOISSONNADE
St Martin DE CRAU
Tél : (16) 90 98 71 31

Remerciements

Merci à Gaby qui a contribué à notre passion.

Notre reconnaissance à Chink et Muriel Owen de l'élevage «Gaywyn», ainsi qu'à John et Susan Gaskell de l'élevage «Mayson» pour leur confiance et la qualité de leurs chiens.

À Ruth et à Sylvie, à Michèle et Michel pour nous avoir témoigné leur sympathie lors de notre entrée dans le monde des terriers.

Un grand merci à tous ceux qui nous ont fait confiance et dont les chiens portent notre affixe.

Une pensée pour Flavia, notre première scottie, et pour Cadburry qui sont allés rejoindre le paradis des chiens.

Table des matières

Table des matières

Crédits Photographiques

Photos de couverture
Grande : *Lanceau*
Petite : Labat

Photos prêtées par *Mr Henri Bastien*
Noir et blanc : pages 8, 9 (Ship Ahoy of Gaywyn), 14, 17, 21, 120, 128, 142, 144.
Couleurs : pages 65 (haut), 72 (haut), 70 (haut).

Photos prêtées par *Mme Sainctelette*
Noir et blanc : pages 12, 15, 34, 42, 122.

Photos fournies par l'**agence Cogis** :

Couleurs
Lanceau : pages 65 (bas), 68, 69, 72 (bas), 89, 90 (haut), 91 (haut), 92, 95 (bas).
Français : pages 66, 94 (bas), 96.
Labat : pages 67, 70 (bas), 71, 91 (bas), 93, 95 (haut).
Lili : page 90 (bas).
Hermeline : page 94 (haut).

Noir et blanc
Lepage : page 33.
Lanceau : pages 24, 38, 41, 44, 46, 50, 55, 58, 60, 62, 63, 64, 73, 74, 78, 99, 101, 104, 106, 108, 109, 110, 111, 112, 114, 118, 121, 130, 132, 148.
Nicaise : page 48.
Hermeline : page 59.